O SEQUESTRO DA CONSCIÊNCIA

Como grupos controlam mentes e como proteger sua liberdade

LOUIS BURLAMAQUI

O SEQUESTRO DA CONSCIÊNCIA

Como grupos controlam mentes e como proteger sua liberdade

Os motivos que levam pessoas a se associarem ao mal pensando que estão fazendo o bem.

MEROPE
editora

Copyright © Louis Burlamaqui, 2025
Copyright © Editora Merope, 2025

CAPA Natalia Bae
PROJETO GRÁFICO E DIAGRAMAÇÃO Natalia Bae
COPIDESQUE Isabela Talarico
REVISÃO Caroline Bigaiski
COORDENAÇÃO EDITORIAL Opus Editorial
DIREÇÃO EDITORIAL Editora Merope

Todos os direitos reservados.
Proibida a reprodução, no todo ou em parte, através de quaisquer meios.

Dados Internacionais de Catalogação na Publicação (CIP)
(Câmara Brasileira do Livro, SP, Brasil)

Burlamaqui, Louis
   O sequestro da consciência : como grupos controlam mentes e como proteger sua liberdade / Louis Burlamaqui. -- Belo Horizonte, MG : Editora Merope, 2025.

   ISBN 978-85-69729-37-2

   1. Bem e mal 2. Consciência 3. Ideologia 4. Liberdade 5. Manipulação (Psicologia) 6. Medo 7. Poder da mente 8. Política 9. Resistência I. Título.

25-250785   CDD-320

Índices para catálogo sistemático:
1. Ciências políticas   320
Eliete Marques da Silva - Bibliotecária - CRB-8/9380

MEROPE EDITORA
Rua dos Guajajaras, 880, sala 808
30180-106 – Belo Horizonte – MG – Brasil
Fone/Fax: [55 31] 3222-8165
www.editoramerope.com.br

SUMÁRIO

PREFÁCIO por Romeu Zema 9
PALAVRA DO AUTOR 13
INTRODUÇÃO 15

CAPÍTULOS

1. O que é o sequestro da consciência? 20
2. Desvendando as técnicas de manipulação mental 58
3. O papel da linguagem no sequestro da consciência 86
4. A conformidade social e o medo de exclusão 100
5. A centralização do poder e o controle do pensamento 112
6. A fascinação dos artistas por políticos populistas e ideologias totalitárias 130
7. As elites globais e o risco do sequestro da consciência 148
8. O caminho para a desprogramação e a resistência mental 164
9. Estratégias para vencer um sistema opressor 178
10. Quebrando um sistema opressor com poderes conspiratórios ...190
11. Sensibilizando e educando pessoas com baixo nível de escolaridade sobre o sequestro da consciência 202
12. A vigilância permanente pela liberdade 212

ANEXOS

1. Análise de casos históricos e contemporâneos de sequestro da consciência 219
2. Questionário para avaliar o risco de sequestro da consciência ...231
3. Exercícios para desenvolver estratégias de resistência 235
4. Lista de leitura complementar 239

PREFÁCIO

Chegamos a 2025, vivemos já praticamente um quarto do século 21. Se fizermos um exercício e olharmos para as perspectivas da humanidade em 2001, teríamos um cenário onde havia poucas dúvidas sobre o caminho progressivo das conquistas das liberdades individuais. As democracias pareciam cada vez mais consolidadas e a maioria dos regimes autoritários, em decadência. O início dos avanços na digitalização trazia ainda uma nova esperança de democratização do acesso à informação, com a promessa de aumentar a liberdade de conhecimento a partir da pluralidade de fontes de informação. Superadas duas décadas e meia, o que encontramos hoje é bem diferente do que se apresentava no início do milênio. A promessa de diversidade de fontes se transformou na criação de grandes "bolhas" que se alimentam de um pensamento uniforme, que atacam e condenam quem se manifesta de forma divergente. Esse ambiente se torna ideal para políticos populistas, com tendências autoritárias, que rejeitam o debate de ideias porque o que buscam é o apoio popular de uma grande massa de manobra para impor suas vontades. Saímos de um momento em que nosso objetivo era avançar ainda mais com as liberdades individuais e a expansão da democracia para o contexto atual, em que precisamos lutar para proteger direitos já conquistados e enfrentar o autoritarismo, que volta a crescer.

Neste livro, Louis Burlamaqui dá uma enorme contribuição ao fazer um alerta sobre a ameaça autoritária desencadeada pelo ambiente digital, a qual ele chamou de sequestro da consciência. O maior perigo dessa ameaça atual é que ela não é imposta pela força, mas por técnicas de manipulação do pensamento das pessoas, com a criação de dogmas travestidos de ideais e valores – uma fórmula perversa que conta com a cultura do "cancelamento" de quem se posiciona de forma divergente a esses dogmas, inibindo as pessoas de fazerem questionamentos e construírem pensamentos próprios. Embora elas vivam com a convicção de que são responsáveis pela escolha de suas crenças, foram condicionadas a serem só mais um dentro de uma manada com um pensamento único inquestionável. A isso soma-se a construção de um inimigo irreal comum, que une as pessoas em um ódio conjunto sem fundamento racional.

Grande parte desse cenário foi construído com o algoritmo das redes sociais, que, em busca de engajamento, passaram a entregar aos usuários somente os conteúdos que reforçam aquilo com que já concordam e de que gostam. Dessa forma, inexiste a pluralidade de informações que apresentaria o outro lado, o contraditório, facilitando o sequestro da consciência.

Esse cenário colocou o Brasil em uma polarização onde as pessoas passaram a avaliar a política como se fossem torcedores de futebol. A análise se tornou simplista e passional, em que pensam que tudo de seu lado é bom e tudo do lado contrário é ruim. Não há meio termo, e a análise crítica de cada ponto está cada vez mais abandonada.

Em minha vida de empresário, e agora como governador, sempre me afastei de bajuladores. O caminho para o fracasso de um gestor é estar cercado de conselheiros que dizem que você está sempre certo. Por isso, sempre procurei incentivar a diversidade de pensamentos na formação de minhas equipes, levando em conta o conhecimento técnico que cada um tem na área em que vai atuar. Essa é minha forma de me manter vigilante para não cair em armadilhas que podem nos fazer pensar que existe uma verdade absoluta, que a tomada de decisão pode ser feita sem avaliar todos os questionamentos. Por isso, nunca me apeguei aos dogmas, mas sim à eficiência. Se determinada ação traz bons resultados, é esse o caminho que vou seguir. Se amanhã essa mesma ação já não for eficaz, não tenho nenhuma resistência em reavaliar e fazer uma mudança. Aprendi essa forma de atuar ao longo do tempo, errando e acertando em um processo de amadurecimento como gestor e pessoa.

A maior virtude deste livro de Louis Burlamaqui é que ele não se limita a fazer um diagnóstico da situação atual, com exemplos do sequestro da consciência atuais e históricos. Ele vai além, apresentando ações que podemos adotar para fugirmos das armadilhas criadas para dominar nosso pensamento. Ele detalha como podemos enfrentar essa nova ameaça autoritária e garantir autonomia sobre a construção de nossos valores e ideais. A liberdade individual é a maior conquista da humanidade, e só vamos conseguir manter e expandir esse direito se tivermos garantido o direito ao livre pensamento.

Romeu Zema
Governador do Estado de Minas Gerais

PALAVRA DO AUTOR

Por mais de trinta anos, dediquei-me a estudar o comportamento humano e organizacional, bem como a contribuir para a sua evolução. Acabei, assim, por me especializar na lógica estabelecida dos padrões. Padrão é tudo aquilo que apresenta uma regularidade, manifestando-se de modo consciente ou não. Somos seres de padrões. Estudando sobre padrões, caminhei para a abordagem social, o que me levou ao fenômeno da cultura organizacional.

Ao longo desses anos, ajudei centenas de organizações a construir uma cultura organizacional saudável, com resultados voltados para um bem maior, próspero e sustentável para todos — o que não é simples nem fácil de fazer.

Em paralelo, conduzi centenas de workshops visando ajudar as pessoas a saírem do que chamei, em meu primeiro livro, de *normose*: a patologia da normalidade. Indivíduos acometidos por essa patologia são, como costumo classificar, os "normais aceitos" — aqueles que não têm consciência do mal que provocam.

Como observador e partícipe de uma sociedade global em mutação, aprofundei-me, na medida do possível, em movimentos de influência que afetavam o coletivo social.

Ao compreender as fórmulas básicas de influência social e relacioná-las com a história, pude constatar que vivemos em ciclos — e que os padrões humanos são sempre os mesmos. Vivemos repetindo as mesmas histórias com personagens, cenas e contextos distintos.

Com a internet e a convergência digital criando um ambiente de compartilhamento de informação que a sociedade nunca experimentou antes, grupos de interesse político e econômico começaram a elaborar estratégias para obter o controle social.

Esse controle se manifesta de modo mais evidente em estruturas muito bem montadas para transformar causas justas em formas de capturar o engajamento das pessoas de bem, acabando por criar sistemas que as aprisionam. Ao longo da vida, fui observando como somos manipulados de diversas maneiras e levados a seguir caminhos que, no fundo, vão suprimir tudo o que somos, sem que tenhamos consciência disso.

Este livro, em uma perspectiva político-social, não é contra nem a favor da direita ou da esquerda; é um exercício de reflexão que propõe que o controle e o sequestro da consciência têm método — e que esse método pode ser usado por qualquer grupo, de qualquer ideologia.

Portanto, o único objetivo deste livro é tornar você consciente desses processos e colocá-lo a serviço de sua própria liberdade, pois a sua liberdade é também a minha; é a liberdade de todos nós. Infelizmente, como você notará, não é esse o propósito que move os poderes ocultos dos grandes grupos.

Convido você a ler estas páginas com o coração aberto e a tornar-se uma pessoa observadora de todos os fenômenos aqui apresentados. Seu novo olhar pode ajudar a construir um novo mundo — um mundo que prime pela liberdade individual.

INTRODUÇÃO

O que significa ter a consciência sequestrada? Em um mundo cada vez mais interconectado, em que as informações fluem ininterruptamente e as ideologias se entrelaçam com o tecido social, a captura da mente não é apenas uma metáfora — é uma realidade tangível e assustadora. Este livro é uma jornada através dos mecanismos sutis e muitas vezes invisíveis pelos quais as ideologias capturam a consciência humana, moldando pensamentos, comportamentos e, em última instância, a própria essência do que significa ser livre.

Meu objetivo é armar você, leitor, com as ferramentas e os conhecimentos necessários para reconhecer essas ameaças e proteger sua liberdade intelectual e moral.

A história é uma sucessão de ciclos, e o bem e o mal se travestem de muitas formas diferentes, a ponto de nos cegar para o que é certo e o que é errado.

BEM E MAL NA PERSPECTIVA DOS PENSADORES GREGOS

Sócrates: o conhecimento do bem

Para **Sócrates**, o bem está intimamente relacionado ao conhecimento. Em seus diálogos, ele defende que o mal não é praticado de forma deliberada. Segundo o filósofo, todo ser humano busca o bem, mas as más ações ocorrem por **ignorância**. Ou seja, ninguém escolhe o mal de maneira consciente; as pessoas praticam o mal porque não compreendem o que é verdadeiramente bom.

TODO SER HUMANO BUSCA O BEM, MAS AS MÁS AÇÕES OCORREM POR IGNORÂNCIA.

Essa visão levanta uma reflexão importante: se o mal é uma consequência da falta de sabedoria, então o caminho para uma vida virtuosa está na busca pelo conhecimento. Sócrates não via o bem como algo externo ou imposto, mas como uma verdade interna, acessível por meio da razão. Assim, a educação moral, para Sócrates, não é apenas uma questão de aprender regras, mas de **despertar o autoconhecimento**.

Platão: a ideia do bem

Para Platão, discípulo de Sócrates, o bem é a **ideia suprema**, o ponto culminante de toda a realidade e de todo o conhecimento — concepção que elaborou em sua **Teoria das Ideias**. No famoso **Mito da Caverna**, ele descreve como os seres humanos vivem como prisioneiros em uma caverna, confundindo sombras com a realidade. Apenas por meio da educação e da filosofia é que seria possível sair da caverna e contemplar a **luz do bem**, que estaria além das sombras e aparências.

Segundo Platão, o mal está ligado à ignorância e à falta de visão do verdadeiro bem. A alma humana, ao se deixar dominar pelos desejos inferiores e pelos prazeres corporais, perde o contato com essa verdade mais elevada.

O mal, portanto, surge quando o indivíduo não consegue ordenar sua alma adequadamente, colocando seus apetites e emoções acima da razão.

A verdadeira felicidade, ou *eudaimonia*, só é possível quando a alma está em harmonia, orientada pelo bem supremo.

O MAL, PORTANTO, SURGE QUANDO O INDIVÍDUO NÃO CONSEGUE ORDENAR SUA ALMA ADEQUADAMENTE, COLOCANDO SEUS APETITES E EMOÇÕES ACIMA DA RAZÃO.

Aristóteles: o bem como virtude

Enquanto Platão vê o bem como uma realidade transcendental, **Aristóteles** oferece uma abordagem mais prática e ética. Para ele, o bem é aquilo que leva ao pleno desenvolvimento das potencialidades humanas. O conceito de **virtude** (ou *aretê*) é central em sua ética. Virtude, para Aristóteles, é a excelência em agir de acordo com a razão.

Aristóteles define o bem humano como a **atividade da alma em conformidade com a virtude** ao longo de uma vida. A virtude não é inata, mas adquirida por meio de **prática e hábito**. Ele destaca que o caminho para o bem é o meio-termo, o equilíbrio entre dois extremos; ou seja, o equilíbrio entre o excesso e a falta. Por exemplo, a coragem seria a virtude intermediária entre a temeridade (excesso) e a covardia (deficiência).

O mal, então, é resultado de um desequilíbrio — quando há excessos ou deficiências nas ações e emoções de um indivíduo.

Para Aristóteles, alcançar o bem é uma tarefa contínua de autodesenvolvimento, envolvendo tanto a educação ética quanto a reflexão sobre a própria vida.

Bem e mal na tragédia grega

Outra importante contribuição dos gregos para o pensamento sobre o bem e o mal pode ser encontrada nas **tragédias gregas**. Dramaturgos como **Sófocles** e **Ésquilo** exploraram a tensão entre o destino, a vontade dos deuses e as escolhas humanas. Nas peças desses dramaturgos, o mal muitas vezes surge não apenas da ignorância ou do desejo, mas de forças externas que estão além do controle humano, como o destino ou as maldições familiares.

Em tragédias como *Édipo Rei*, de Sófocles, ou *Oresteia*, de Ésquilo, o mal pode parecer inevitável, uma consequência trágica do destino. No entanto, os personagens também enfrentam dilemas morais profundos, nos quais suas escolhas revelam virtudes ou fraquezas. A tragédia grega sugere que o bem e o mal são questões complexas, que envolvem tanto a ação humana quanto forças transcendentais, refletindo o sentido de ambiguidade moral e a fragilidade da condição humana.

Bem e mal como desafios éticos

O pensamento grego sobre o bem e o mal nos oferece uma rica reflexão sobre os desafios éticos que todos enfrentamos. Para os gregos antigos, o bem não era uma simples questão de obediência a regras ou leis externas, mas sim uma questão de **autoconhecimento**, **harmonia interior** e **excelência moral**.

As diferentes abordagens apresentadas por Sócrates, Platão e Aristóteles mostram que o mal, para os gregos, era frequentemente o resultado de **ignorância**, **desordem interna** ou **excesso**. Essas reflexões são especialmente relevantes nos tempos modernos, quando frequentemente enfrentamos dilemas morais complexos em um mundo de rápidas mudanças e incertezas. O legado dos gregos nos lembra de que o caminho para o bem está, acima de tudo, no cultivo da razão, da virtude e da busca contínua por um equilíbrio ético em nossa vida.

Ao explorar essas ideias, entendemos que o bem e o mal, em sua essência, são conceitos que exigem de nós um esforço ativo de reflexão, autodesenvolvimento e responsabilidade moral. A jornada para o bem, segundo os gregos, é uma prática constante de **aperfeiçoamento** — individual e coletivo — que nos aproxima da verdadeira realização e felicidade.

CAPÍTULO 1

O QUE É O SEQUESTRO DA CONSCIÊNCIA?

Em uma terra distante, havia um pequeno reino conhecido como **Reino das Sombras e dos Espelhos**. De longe, era um lugar próspero, com pessoas felizes e ocupadas, vivendo suas vidas pacificamente. No centro do reino, ficava o **Grande Palácio dos Espelhos**, um edifício imponente onde moravam os Conselheiros das Sombras, governantes que controlavam o reino com uma misteriosa tecnologia.

Esses conselheiros eram mestres da arte dos espelhos. Mas seus espelhos não eram comuns: eram especiais, capazes de refletir qualquer imagem que os conselheiros quisessem. Ao longo do tempo, os habitantes do reino passaram a consultar pequenos espelhos, fornecidos pelos conselheiros, todas as manhãs, antes de sair de casa. Esses espelhos pareciam mágicos: eles mostravam aos habitantes qual versão de si mesmos deveriam ser naquele dia, como se a imagem refletida fosse um guia pessoal para como agir, pensar e sentir.

Quando uma pessoa olhava para o espelho, ela via a si mesma, mas não exatamente como era. O espelho mostrava uma versão idealizada, uma imagem que sempre mudava de acordo com o que os conselheiros julgavam ser melhor para manter a ordem e o controle no reino. Se um morador do reino fosse muito questionador, o espelho o mostrava mais calmo e conformado. Se outro tivesse tendências a desafiar as leis, o espelho refletia alguém mais obediente e submisso. Com o tempo, os cidadãos começaram a depender totalmente dos espelhos para saber quem eram.

Sem perceber, os habitantes do Reino das Sombras e dos Espelhos começaram a perder o controle da própria consciência. A cada dia, seus desejos, opiniões e decisões eram moldados pelo que viam nos espelhos. Se o espelho mostrava que deviam estar felizes, eles sentiam felicidade. Se o espelho indicava que deviam se preocupar, eles mergulhavam na preocupação, sem saber por quê. As pessoas pararam de se perguntar se aquilo que viam refletia quem realmente eram ou o que realmente queriam.

O despertar de Joana

Entre os habitantes do reino estava Joana, uma jovem muito curiosa, conhecida por sua mente inquieta. Todos os dias, ela consultava o espelho, como os outros, para saber como deveria se comportar. Mas algo dentro dela começou a incomodá-la. Certo dia, ao olhar para o espelho, viu a imagem de si mesma sorrindo, confiante, mas sentiu um vazio. Ela sabia que algo estava errado, pois, por dentro, estava confusa e insegura. Como o espelho podia mostrar algo tão diferente do que ela realmente sentia?

Intrigada, Joana começou a se perguntar se o que via no espelho era de fato quem ela era ou apenas uma ilusão. Durante os dias seguintes, começou a observar mais atentamente os outros moradores. Ela notou que todos seguiam suas rotinas como se fossem controlados por cordas invisíveis, sem jamais questionar o que viam nos espelhos.

Então, um dia, Joana decidiu fazer algo ousado. Em vez de consultar o espelho pela manhã, ela o cobriu com um pano preto e saiu de casa sem ver sua imagem. No início, sentiu uma profunda ansiedade. Ela não sabia como agir, como se portar ou até como se sentir. Mas, com o tempo, passou a confiar em seus instintos e a perceber que as emoções que surgiam dentro dela eram as suas próprias, não as impostas pelo espelho.

Quanto mais Joana evitava os espelhos, mais ela sentia que estava recuperando algo precioso: sua **consciência**. Então começou a fazer perguntas, a refletir sobre suas próprias crenças e, principalmente, a questionar as regras do reino.

Sua rebeldia não passou despercebida. Os Conselheiros das Sombras logo perceberam que Joana havia parado de usar os espelhos. Eles a chamaram ao Grande Palácio dos Espelhos para uma reunião. Lá, um dos conselheiros, com uma voz suave e melancólica, disse:

— Por que você escolheu ignorar o espelho, Joana? O espelho lhe mostra o melhor de si. Ele a guia. Sem ele, você está perdida.

Mas Joana, que já havia recuperado parte de sua consciência, respondeu:

— O espelho pode mostrar algo, mas não me mostra quem realmente sou. Ele reflete aquilo que vocês desejam que eu veja. Porém, ao fazer isso, ele rouba o que tenho de mais precioso: a liberdade de ser e de pensar por mim mesma.

O conselheiro, surpreso com a ousadia, sorriu levemente.

— Você acredita que vê a verdade, mas, sem o espelho, como saberá o que é real e o que é ilusório?

Joana olhou ao redor e percebeu que as paredes do palácio estavam cobertas por espelhos que refletiam infinitas versões dela mesma, cada uma mais idealizada e distante da realidade. Foi então que ela compreendeu que o sequestro da consciência estava ali, no controle sutil dos espelhos, que moldavam a percepção de todos sobre si mesmos e sobre o mundo ao redor.

Determinada a libertar o reino, Joana voltou à sua cidade e começou a contar a verdade para aqueles que quisessem ouvir. No início, muitos a rejeitaram, pois se sentiam confortáveis com as imagens perfeitas que viam no espelho. No entanto, aos poucos, algumas pessoas começaram a cobrir seus espelhos e a redescobrir a própria consciência. Cada uma passou a se perguntar: "Quem sou eu, sem o reflexo que me mostram?".

Com o tempo, o movimento cresceu. O Palácio dos Espelhos, que antes refletia uma falsa imagem de perfeição, começou a se fragmentar, à medida que mais e mais pessoas cobriam seus espelhos e recuperavam o controle sobre os próprios pensamentos e sentimentos.

A história do **Reino das Sombras e dos Espelhos** é uma metáfora para o sequestro da consciência. Os espelhos representam as influências externas — a propaganda, a mídia, as ideologias ou o conformismo social — que moldam a maneira como as pessoas pensam e se comportam. Os habitantes do reino perderam a capacidade de pensar por si mesmos porque, todos os dias, confiavam em um reflexo imposto que distorcia a realidade.

O sequestro da consciência acontece quando permitimos que algo externo controle nossos pensamentos e ações, sem questionar se isso reflete a nossa verdadeira essência. Como Joana, todos nós podemos, em algum momento, perceber que o que vemos nos "espelhos" não é quem somos, e que recuperar nossa liberdade de pensamento e nossa consciência requer coragem para enfrentar as verdades incômodas que estão além do reflexo.

Joana nos ensina que o primeiro passo para escapar desse sequestro é cobrir o espelho — ou seja, desligar-se das influências externas e refletir sobre quem somos de fato. É um chamado para abandonar as ilusões confortáveis que nos são impostas e buscar a verdade que vem de dentro.

O conceito de "sequestro da consciência" pode parecer, à primeira vista, algo extraído de um romance distópico ou de uma teoria conspiratória. No entanto, ao analisarmos a história e as ciências sociais, percebemos que o sequestro da consciência é um fenômeno real, que ocorre quando a mente de um indivíduo – ou a mentalidade coletiva – é manipulada de maneira a adotar, sem perceber, crenças, valores e comportamentos que podem ir contra os próprios interesses ou princípios éticos.

MECANISMOS PSICOLÓGICOS

Para entender como o sequestro da consciência funciona, é essencial explorar os mecanismos psicológicos que tornam a mente humana suscetível à manipulação. Esses mecanismos não são falhas do pensamento humano, mas características inatas que, quando exploradas por forças externas, podem ser usadas para capturar e controlar a consciência.

Dissonância cognitiva

A dissonância cognitiva é como um campo de batalha silencioso dentro da mente, onde crenças e ações conflitantes lutam por reconciliação. É o desconforto invisível que surge quando o que acreditamos e o que fazemos não se encaixam; uma tensão psicológica que força a mente a buscar uma maneira de aliviar o desconforto, seja mudando nossas crenças ou racionalizando nossas ações de forma distorcida.

Imagine um quebra-cabeça com peças que não se ajustam. Em vez de trocar as peças para que se encaixem corretamente, a mente, em estado de dissonância, muitas vezes tenta forçar as peças erradas a se encaixarem — mesmo que o resultado seja uma imagem distorcida da realidade. O ser humano prefere a coerência interna à verdade objetiva, e é isso que transforma a dissonância cognitiva em uma força tão poderosa e perigosa.

A DISSONÂNCIA COGNITIVA É COMO UM CAMPO DE BATALHA SILENCIOSO DENTRO DA MENTE, ONDE CRENÇAS E AÇÕES CONFLITANTES LUTAM POR RECONCILIAÇÃO.

O SEQUESTRO DA CONSCIÊNCIA OCORRE QUANDO A MENTE DE UM INDIVÍDUO – OU A MENTALIDADE COLETIVA – É MANIPULADA DE MANEIRA A ADOTAR, SEM PERCEBER, CRENÇAS, VALORES E COMPORTAMENTOS QUE PODEM IR CONTRA OS PRÓPRIOS INTERESSES OU PRINCÍPIOS ÉTICOS.

Vejamos um exemplo devastador disso no contexto da Alemanha nazista. Diversos cidadãos alemães, que antes se consideravam pessoas moralmente corretas, começaram a apoiar ou a participar de um regime que cometia atrocidades inomináveis. Como eles lidaram com esse abismo entre suas crenças morais e suas ações? Para aliviar o desconforto, muitos aceitaram as narrativas propagadas pelo regime, que desumanizavam judeus, ciganos e outros grupos minoritários. A propaganda pintava esses grupos não como seres humanos, mas como inimigos da sociedade e uma ameaça à sobrevivência do povo alemão.

Esse processo permitiu que vários cidadãos alemães ajustassem a própria moralidade para que suas ações — ou a aceitação passiva dessas ações — não parecessem tão terríveis aos próprios olhos. Assim, a realidade foi distorcida para se alinhar à necessidade de coerência interna, eliminando o conflito entre o ser "moral" e as ações imorais.

Essa dinâmica, embora extrema nesse exemplo histórico, continua a operar de maneiras sutis e sofisticadas no mundo moderno. A dissonância cognitiva é frequentemente explorada por campanhas publicitárias que encorajam as pessoas a racionalizarem comportamentos que, de outra forma, seriam vistos como prejudiciais ou incoerentes com seus valores.

Pense na indústria do tabaco, que, durante décadas, se beneficiou desse mecanismo psicológico. Mesmo quando as evidências científicas sobre os perigos do cigarro se tornaram inegáveis, as campanhas publicitárias continuaram a associar o tabagismo a *glamour*, liberdade e estilo de vida. Esse contraste entre os perigos conhecidos e as imagens atraentes criou dissonância nos fumantes. Para sanar esse incômodo, muitos adotaram crenças convenientes, mas distorcidas, como "todos vão morrer de algo" ou "o prazer de fumar compensa os riscos". Essas justificativas, embora falaciosas, ofereciam uma saída emocional para o conflito entre o conhecimento e o comportamento.

Em uma era de sobrecarga informacional, a dissonância cognitiva se tornou uma ferramenta crucial para aqueles que buscam influenciar comportamentos em larga escala. Somos constantemente bombardeados por mensagens que criam tensões internas entre o que sabemos ser verdade e aquilo em que queremos acreditar. Seja na política, nos negócios ou nas questões sociais, aqueles que entendem como esse mecanismo opera podem explorá-lo para manipular não apenas nossas ações, mas também nossas crenças mais profundas. E, assim, à medida que buscamos coerência em nossa vida, corremos o risco de abandonar a verdade em nome de uma paz mental temporária.

O desafio que a dissonância cognitiva nos impõe, portanto, é duplo. Primeiro, implica a necessidade de reconhecer quando estamos ajustando nossas crenças para justificar nossas ações, em vez de ajustar nossas ações para alinhá-las com nossas crenças. Segundo, envolve uma vigilância constante para que não nos tornemos vítimas daqueles que utilizam essa fraqueza humana como forma de controle, valendo-se de propaganda política, publicidade corporativa ou ideologias sociais.

SOMOS CONSTANTEMENTE BOMBARDEADOS POR MENSAGENS QUE CRIAM TENSÕES INTERNAS ENTRE O QUE SABEMOS SER VERDADE E AQUILO EM QUE QUEREMOS ACREDITAR.

Conformidade social

O ser humano é essencialmente moldado pela necessidade de pertencer. Mais do que uma mera busca por afinidade, essa necessidade de conexão é uma força que orienta nossas decisões e define grande parte de nossa identidade. O desejo de conformidade social é como um fio invisível, costurado profundamente em nossa psique, que nos impulsiona a alinhar nossos pensamentos, sentimentos e comportamentos com as expectativas do grupo. Isso, por vezes, cria coesão e facilita a cooperação, mas também abre as portas para a manipulação sutil — uma forma de sequestro da consciência que se infiltra na mente sem que percebamos.

Uma metáfora útil para entender esse fenômeno seria imaginar uma floresta onde as árvores crescem tão juntas que cada uma é forçada a seguir a direção das demais para alcançar a luz. Em algum momento, o padrão de crescimento de uma árvore deixa de ser o resultado de sua natureza e passa a ser determinado pelas árvores ao seu redor. Assim também acontece com as pessoas em relação ao grupo a que pertencem. Elas se moldam às normas e aos valores do ambiente em que estão inseridas, muitas vezes sacrificando a autenticidade em favor da aceitação.

Isso foi demonstrado com clareza no **Experimento de Conformidade de Asch**, conduzido pelo psicólogo Solomon Asch na década de 1950. Nesse estudo, Asch mostrou que, diante de uma situação simples e objetiva — comparar o comprimento de linhas desenhadas em cartões —, muitas pessoas preferiam seguir a opinião errada de um grupo a expressar a própria avaliação. Quando confrontados com a pressão social, os participantes ajustavam suas respostas, mesmo sabendo que estavam erradas. Esse experimento revela algo essencial sobre a psicologia humana: a verdade, muitas vezes, não é o principal critério para nossas escolhas, quando o que está em jogo é a aceitação do grupo.

Essa vulnerabilidade à conformidade se amplifica em contextos ideológicos, especialmente quando há uma pressão explícita ou implícita para aderir a determinado conjunto de ideias.

A **Revolução Cultural Chinesa**, sob o comando de Mao Tsé-Tung, é um exemplo emblemático de como a conformidade pode ser forçada de maneira quase absoluta. Milhões de cidadãos foram compelidos a adotar os ideais do Partido Comunista, mesmo que esses ideais fossem completamente contrários às suas crenças pessoais. O medo de retaliação física era real, mas igualmente poderosa era a pressão social para se adequar, para não ser visto como o "dissidente" que se desviava da norma. Essa necessidade de pertencer, de evitar o isolamento, fez com que muitas consciências fossem sequestradas — não por imposição direta, mas pelo consentimento silencioso ao dogma dominante.

Em um contexto mais moderno, essa dinâmica de conformidade tomou novas formas. A era digital trouxe consigo as **bolhas de pensamento**, espaços virtuais onde a conformidade é reforçada por algoritmos que nos mostram apenas aquilo com o qual já concordamos.

MUITAS PESSOAS PREFERIAM SEGUIR A OPINIÃO ERRADA DE UM GRUPO A EXPRESSAR A PRÓPRIA AVALIAÇÃO.

As redes sociais, originalmente projetadas para conectar pessoas, acabaram criando verdadeiras câmaras de eco em que as opiniões divergentes são filtradas ou suprimidas.

Dentro dessas bolhas, a pressão para se alinhar ao grupo é intensificada pelo medo da exclusão, do "cancelamento" ou de críticas intensas. A dissidência, que antes era vista como um sinal de pensamento crítico, agora é frequentemente tratada como uma ameaça à harmonia do grupo.

Essa conformidade digital é tão insidiosa que o indivíduo pode nem perceber que sua consciência está sendo sequestrada. Ele está cercado por vozes que ecoam suas próprias crenças, reforçando a ilusão de que sua visão de mundo é a única correta. O pensamento crítico, que exige uma abertura ao contraditório e uma disposição para desafiar as próprias convicções, é sufocado pela constante validação das opiniões do grupo. O que deveria ser um processo de reflexão autêntica se transforma em uma aceitação passiva da narrativa dominante, alimentada pelo desejo de pertencimento.

É nesse ambiente em que a conformidade social moderna se torna uma ferramenta eficaz para o sequestro da consciência. Ao invés de opressão direta, o controle acontece de forma suave, muitas vezes disfarçado de livre escolha. O poder da conformidade está na sutileza: ao nos fazer acreditar que estamos simplesmente "seguindo o fluxo", ela nos leva a abandonar o pensamento crítico em troca de segurança social.

Assim, em vez de resistir ao grupo ou questionar o consenso, muitos de nós nos ajustamos — não por falta de entendimento, mas por medo de nos tornarmos os estranhos em uma sociedade onde a aceitação parece ser o bem mais precioso. O perigo dessa conformidade silenciosa é que ela pode nos levar a viver de acordo com ideias que não são genuinamente nossas, mas que parecem ser, porque todos ao nosso redor as seguem. É como se nossa consciência fosse progressivamente sequestrada por uma força invisível, uma força que reside não em um ditador, mas nas expectativas não expressas do coletivo.

O grande desafio do pensamento crítico, portanto, é resistir à maré da conformidade, questionar o que parece óbvio e estar disposto a pensar diferente, mesmo quando isso significa nadar contra a corrente.

Obediência à autoridade

A obediência à autoridade é como um fio invisível que pode, gradualmente, enlaçar a consciência humana, desviando-a do julgamento individual em direção à submissão coletiva. Quando uma figura de poder dá instruções, o peso dessa autoridade pode abafar a voz da consciência e a capacidade de questionar. Esse fenômeno foi claramente ilustrado no icônico **Experimento de Milgram**, conduzido por Stanley Milgram na década de 1960 e um dos estudos mais impactantes da psicologia, que revelou a facilidade com que as pessoas podem ser levadas a cometer atos contrários a seus princípios morais quando orientadas por uma autoridade.

No experimento, os participantes acreditavam estar contribuindo para um estudo sobre a memória, mas, na verdade, estavam tendo sua capacidade de obedecer testada. Cada vez que o "aluno" (que, na realidade, era um ator) cometia um erro, os participantes recebiam a instrução de aplicar choques elétricos crescentes. A cada erro, o "aluno" simulava gritos de dor e súplicas por piedade, mas, mesmo assim, a grande maioria dos participantes continuava a obedecer. Apesar da evidente angústia da vítima, os participantes, sentindo-se protegidos pela autoridade que os instruía, seguiam as ordens sem se rebelar, ainda que demonstrassem desconforto.

Esse experimento desvelou algo profundo sobre a natureza humana: a autoridade pode, muitas vezes, dominar nossa moralidade pessoal, levando-nos a agir de forma contrária aos nossos valores mais íntimos. Milgram não apenas provou que as pessoas podem ser induzidas a cometer atos cruéis sob ordens, como também revelou que a linha entre obediência e crueldade é tênue e, com frequência, traçada por aqueles que ocupam posições de poder.

Esse princípio foi, infelizmente, aproveitado por inúmeros regimes e movimentos ao longo da história.

A Alemanha nazista talvez seja o exemplo mais extremo de como a obediência cega à autoridade pode facilitar atrocidades em massa. Quando confrontados sobre sua participação no Holocausto, muitos oficiais nazistas e até cidadãos comuns justificavam as próprias ações com a frase: "Eu estava apenas cumprindo ordens". Esse eco de obediência reverbera como um aviso sombrio da facilidade com que a consciência pode ser sequestrada pela autoridade, quando a responsabilidade individual é dissolvida em um mar de submissão.

Contudo, a obediência à autoridade não é uma anomalia histórica restrita a regimes totalitários. Ela continua a ser uma força significativa na atualidade, em democracias e sociedades livres. Governos, corporações e instituições de poder frequentemente exploram essa tendência humana para justificar políticas e ações que, de outra forma, poderiam ser amplamente rejeitadas. Muitas vezes, esses atos são legitimados por uma fachada de "autoridade legítima", seja na forma de líderes políticos, figuras de confiança na mídia ou especialistas aparentes, e as pessoas se ajustam às ordens ou narrativas impostas sem fazerem perguntas.

Por exemplo, em cenários corporativos, funcionários são frequentemente pressionados a seguir ordens, mesmo quando essas ordens podem ser eticamente questionáveis. Escândalos empresariais ao redor do mundo, como o da Enron ou da Volkswagen,[1] ilustram como a obediência a uma cultura corporativa, aliada à pressão da autoridade, pode fazer com que pessoas se envolvam em comportamentos fraudulentos, ainda que, em outros contextos, elas saibam que esses atos são reprováveis. Sob a autoridade da hierarquia empresarial, o julgamento individual é suprimido, e os valores pessoais são postos de lado para preservar o *status quo*.

A OBEDIÊNCIA À AUTORIDADE É COMO UM FIO INVISÍVEL QUE PODE, GRADUALMENTE, ENLAÇAR A CONSCIÊNCIA HUMANA, DESVIANDO-A DO JULGAMENTO INDIVIDUAL EM DIREÇÃO À SUBMISSÃO COLETIVA.

---

1. No ano de 2001, a Enron Corporation, uma das maiores empresas de energia dos Estados Unidos, protagonizou uma série de fraudes contábeis e de governança que culminaram na decretação de sua falência; o escândalo da Volkswagen, envolvendo a falsificação de resultados de emissões de poluentes em motores a diesel, veio à tona em 2015, quando a montadora admitiu que, para burlar inspeções, usou um programa de computador em 11 milhões de carros em todo o mundo.

AS REDES SOCIAIS, ORIGINALMENTE PROJETADAS PARA CONECTAR PESSOAS, ACABARAM CRIANDO VERDADEIRAS CÂMARAS DE ECO EM QUE AS OPINIÕES DIVERGENTES SÃO FILTRADAS OU SUPRIMIDAS.

Com o advento da tecnologia, a **era digital** também adicionou uma nova camada de complexidade à questão da obediência à autoridade. Hoje, algoritmos e sistemas automatizados são vistos como uma forma de "autoridade" invisível. As pessoas confiam cada vez mais em decisões de sistemas algorítmicos que influenciam tudo, desde o crédito financeiro até a vigilância. Aqui, a autoridade não vem de uma figura humana, mas de uma tecnologia reverenciada como objetiva e infalível. No entanto, essa "autoridade" digital pode também sequestrar a consciência ao nos acostumar a um estado de obediência silenciosa a esses sistemas, sem que percebamos os vieses e as limitações que eles carregam.

Ao longo da história, o sequestro da consciência por meio da obediência à autoridade provou ser uma das ferramentas mais poderosas para controlar as massas. Desde os campos de batalha até as salas de conselho corporativas, passando pelas redes digitais do século 21, a capacidade da autoridade de suprimir a responsabilidade individual tem mostrado sua eficácia — e seus perigos. Seja por meio da imposição de políticas brutais ou da manipulação sutil das decisões diárias, essa obediência pode facilmente se transformar em um mecanismo de controle invisível, em que as pessoas, sem perceber, cedem a soberania da própria consciência.

A reflexão crítica, portanto, deve ser a arma mais poderosa contra essa submissão cega.

Devemos questionar a autoridade, não como um ato de rebeldia por si só, mas como um exercício consciente de responsabilidade e ética.

Para proteger a liberdade da mente e a integridade da moralidade humana, é fundamental reconhecer que a obediência, embora às vezes necessária para a coesão social, pode facilmente ser manipulada para servir a interesses nefastos.

DEVEMOS QUESTIONAR A AUTORIDADE, NÃO COMO UM ATO DE REBELDIA POR SI SÓ, MAS COMO UM EXERCÍCIO CONSCIENTE DE RESPONSABILIDADE E ÉTICA.

O SEQUESTRO DA CONSCIÊNCIA NA HISTÓRIA

A história nos revela, de maneira quase inevitável, que a mente humana é tal qual uma arena de conflitos invisíveis, em que narrativas externas podem silenciosamente ocupar territórios de crença e convicção. Esses exemplos de sequestro da consciência coletiva — da Primeira Guerra Mundial à União Soviética — são testemunhos de como as sociedades podem ser conduzidas como multidões hipnotizadas, sem que os indivíduos percebam o laço invisível que estreita seus pensamentos.

No entanto, em sua essência mais insidiosa, o sequestro da consciência não depende de tanques de guerra ou tiros nem de gritos autoritários. Ele ocorre na quietude das casas, no ruído sutil das máquinas de propaganda, nas vozes amigáveis que falam de unidade e bem maior. A verdadeira arma não é a opressão física, mas a capacidade de reconfigurar realidades internas sem que o indivíduo se dê conta. Uma vez plantada a semente da dúvida sobre a própria capacidade de questionar, o jardim do pensamento livre começa a murchar, lentamente, em favor da floresta densa de dogmas e verdades impostas.

Esse processo, contudo, nunca é feito de uma só vez. Trata-se de um trabalho paciente, de escultura metódica. Cada palavra cuidadosamente inserida nas narrativas oficiais é uma ferramenta de precisão, destinada a esculpir uma nova imagem da realidade. Como um escultor que, golpe a golpe, molda a pedra bruta até que ela perca a forma original, assim também são moldados os pensamentos de uma sociedade inteira, sem que o golpe final seja sequer notado.

A MENTE HUMANA É TAL QUAL UMA ARENA DE CONFLITOS INVISÍVEIS.

O sequestro da consciência

Imagine, por um momento, um grande mural sendo pintado na mente das pessoas. No início, é uma tela em branco, cheia de potencial criativo, sobre a qual o indivíduo pode desenhar as próprias experiências e interpretações. Mas, com o tempo, mãos invisíveis começam a adicionar cores e formas, suavemente, camada após camada, até que a imagem final seja uma paisagem que pareça sempre ter estado ali. A pessoa, ao olhar para essa imagem em sua mente, aceita-a como verdade, pois não se lembra do processo de sua construção. E, nessa aceitação, essa pessoa se torna parte do mecanismo que perpetua essa imagem em outras mentes.

Este é o verdadeiro poder do sequestro da consciência: não se trata de forçar crenças, mas de moldá-las de tal forma que pareçam sempre pertencido ao indivíduo. A estrutura interna do pensamento é tão lentamente modificada que o indivíduo não consegue mais identificar as origens das ideias que agora considera suas. O que era uma imposição externa se transforma em uma verdade internalizada, uma parte do próprio ser.

Na Alemanha do kaiser Wilhelm II, a noção de sobrevivência da civilização alemã se mesclou tão profundamente com o imaginário coletivo que qualquer dissidência era vista como traição, não apenas ao Estado, mas à própria identidade nacional. E, na União Soviética, a veneração a Stálin não era uma obediência cega forçada pelas circunstâncias; era, para muitos, um sentimento quase religioso, construído à base da repetição constante de símbolos, imagens e discursos.

Esses mecanismos históricos se tornam ainda mais perturbadores quando percebemos que não pertencem ao passado. Eles ecoam no presente, nos algoritmos que moldam nossas visões de mundo, nas tendências que dominam as discussões on-line e nos discursos que invadem nossos espaços de informação. Hoje, o sequestro da consciência acontece de maneira ainda mais sofisticada, aproveitando as vulnerabilidades naturais da mente humana — seu desejo por certezas, pertencimento e validação.

O mundo contemporâneo oferece um cenário onde a batalha pelo controle da mente não é travada com bandeiras e exércitos, mas com fluxos contínuos de dados, algoritmos que entendem nossos medos e desejos melhor do que nós mesmos e narrativas que se misturam de forma tão profunda com nosso cotidiano que fica difícil discernir o que é externamente induzido e o que é genuinamente nosso.

Assim, o sequestro da consciência deixa de ser um fenômeno de massas contidas por cercas e muros físicos para se transformar em uma prisão sem grades, onde o aprisionamento ocorre na própria mente. E a chave para escapar dessa prisão não está em romper correntes físicas, mas em desenvolver a capacidade de refletir sobre o próprio pensamento, questionando a origem e o propósito das narrativas que moldam nossa visão de mundo.

Essa capacidade de reflexão crítica é o antídoto mais poderoso contra o sequestro da consciência, e, talvez, o último bastião de verdadeira liberdade em um mundo onde as correntes invisíveis do controle ideológico se tornam cada vez mais difíceis de detectar.

Caça às bruxas e o sequestro da consciência

O período da caça às bruxas, que alcançou seu ápice entre os séculos 15 e 17, é um exemplo histórico contundente de como o sequestro da consciência coletiva pode ocorrer em larga escala, resultando em paranoia, violência e repressão de grupos vulneráveis. O medo das bruxas e da feitiçaria, amplamente disseminado pela religião, pela política e pela cultura da época, sequestrou a mente de comunidades inteiras, levando à perseguição, à tortura e à execução de milhares de pessoas, predominantemente mulheres.

O MUNDO CONTEMPORÂNEO OFERECE UM CENÁRIO ONDE A BATALHA PELO CONTROLE DA MENTE NÃO É TRAVADA COM BANDEIRAS E EXÉRCITOS, MAS COM FLUXOS CONTÍNUOS DE DADOS, ALGORITMOS QUE ENTENDEM NOSSOS MEDOS E DESEJOS MELHOR DO QUE NÓS MESMOS.

A criação de um inimigo invisível

O sequestro da consciência durante a caça às bruxas começou com a criação de um inimigo invisível e incontrolável: a bruxa. Essa figura foi amplamente retratada como uma mulher que havia feito um pacto com o diabo, adquirindo poderes sobrenaturais com o objetivo de causar danos à comunidade cristã. A bruxa era vista como responsável por infortúnios como doenças, más colheitas, mortes de crianças e outros eventos que não tinham explicações claras na época. A Igreja, por meio de sermões, textos eclesiásticos e confissões forçadas, construiu uma narrativa poderosa e aterrorizante que convenceu a população de que a feitiçaria era uma ameaça real, onipresente e que precisava ser combatida com todas as forças.

Ao alimentar essa imagem, as elites religiosas e políticas conseguiram criar uma atmosfera de pânico moral, em que qualquer comportamento fora do comum podia ser interpretado como evidência de bruxaria. As mulheres independentes, as que tinham conhecimentos sobre ervas, as viúvas ou as que não se conformavam aos papéis sociais tradicionais eram frequentemente acusadas de feitiçaria. Assim, a perseguição às bruxas tornou-se uma ferramenta de controle social, mantendo a ordem e suprimindo comportamentos que desafiavam as normas vigentes.

Doutrinação religiosa e medo espiritual

O sequestro da consciência durante a caça às bruxas também foi amplificado pela doutrinação religiosa. A Igreja Católica e, posteriormente, as igrejas protestantes enfatizavam a luta entre o bem e o mal, o divino e o satânico, promovendo a ideia de que a bruxaria era uma ameaça existencial à ordem divina. A ideia de que o diabo estava ativamente recrutando seguidores para subverter a sociedade cristã era constantemente reiterada em sermões e ensinamentos religiosos. Os sacerdotes instilavam nas pessoas o medo do inferno e da condenação eterna, criando uma mentalidade coletiva que encarava qualquer comportamento suspeito ou dissidência como ameaça espiritual, e os membros da comunidade eram encorajados a denunciar uns aos outros.

Assim, essa narrativa apocalíptica resultava em um estado de alerta constante e de vigilância entre vizinhos, amigos e familiares. A acusação de bruxaria era uma forma de se proteger, uma tentativa de reafirmar a própria lealdade à fé, e qualquer pessoa que desviasse da norma ou desafiasse a estrutura religiosa e social poderia ser facilmente marcada como bruxa.

Resquícios desse preconceito se mantêm até hoje, normalmente dirigidos a pessoas que praticam atividades ou rituais de cunho místico.

O sequestro da consciência na contemporaneidade

Na era contemporânea, o sequestro da consciência não se limita apenas à dominação explícita e autoritária, mas assume formas mais sutis e penetrantes. Nas democracias liberais, em que a liberdade de expressão é exaltada como um dos valores mais fundamentais, as influências que moldam a mente das massas muitas vezes operam nos bastidores, silenciosas, invisíveis e, por isso, ainda mais poderosas. A publicidade, a mídia de massa e, acima de tudo, as redes sociais tornaram-se os novos veículos pelos quais as consciências são condicionadas, reconfiguradas e, em alguns casos, sequestradas em favor de interesses específicos.

Pensemos na facilidade com que uma ideia se espalha hoje em dia. O poder da viralidade é tão vasto que uma ideia sem fundamento, uma notícia distorcida ou um conceito manipulativo pode atravessar fronteiras e mentes em questão de minutos. O que torna esse fenômeno ainda mais alarmante é que o sequestro da consciência nas democracias não precisa de força nem de repressão evidentes. Ele é suave, quase agradável — embebido no entretenimento e nas facilidades da era digital. As redes sociais e a mídia de massa nos oferecem o que parece ser uma "escolha", mas, na verdade, nos guiam por um caminho cuidadosamente desenhado por algoritmos que conhecem nossas fraquezas, medos e desejos melhor do que nós mesmos.

Tomemos como exemplo o fenômeno das "bolhas de informação" criadas pelos algoritmos das redes sociais. Sem que percebamos, somos gradualmente cercados por informações e opiniões que confirmam nossas crenças preexistentes. Isso não apenas fortalece nossas convicções, mas também nos afasta de qualquer perspectiva diferente, alienando-nos das nuances que formam a complexidade do mundo. A multiplicidade de visões desaparece, e o que resta é uma uniformidade ilusória, em que só há espaço para o eco de nossas próprias ideias.

Esse isolamento digital facilita a manipulação, permitindo que uma única ideia, repetida exaustivamente, seja internalizada como uma verdade incontestável. Quando milhões de pessoas, ao redor do mundo, estão imersas em bolhas personalizadas que reforçam suas crenças, o terreno para o sequestro da consciência já está preparado. Não é necessário um grande esforço para semear divisões e conflitos; basta manipular habilmente as fronteiras invisíveis que essas bolhas criam.

Um exemplo recente dessa manipulação sutil foi a eleição presidencial dos Estados Unidos em 2016. Ali, testemunhamos o auge de campanhas projetadas para manipular o comportamento dos eleitores de formas tão intricadas que até a própria ideia de livre-arbítrio foi posta em xeque. A desinformação foi espalhada com precisão cirúrgica, atingindo eleitores de maneira personalizada. O que antes era uma estratégia genérica de manipulação se tornou, então, algo profundamente individualizado, atingindo pessoas em seus pontos mais vulneráveis. Foi uma estratégia silenciosa, mas devastadora, que dividiu uma nação ao explorar e ampliar as inseguranças e os preconceitos da população.

Outro exemplo revelador veio do escândalo da Cambridge Analytica, que mostrou quão poderosa e invasiva essa nova forma de manipulação pode ser. Utilizando dados pessoais obtidos de plataformas como o Facebook, foram traçados perfis psicológicos de milhões de eleitores, permitindo que eles fossem alvos de mensagens personalizadas que manipulavam suas emoções, medos e expectativas. A campanha de manipulação foi tão precisa que as vítimas não perceberam que estavam sendo direcionadas. Cada "curtida", cada interação, cada visualização contribuía para criar um perfil mais detalhado, possibilitando que a manipulação fosse invisível, mas incrivelmente eficaz.

SEM QUE PERCEBAMOS, SOMOS GRADUALMENTE CERCADOS POR INFORMAÇÕES E OPINIÕES QUE CONFIRMAM NOSSAS CRENÇAS PREEXISTENTES.

Porém, essa realidade não se limita ao contexto norte-americano ou ocidental. Ao redor do mundo, regimes e corporações aprenderam a utilizar essas ferramentas com destreza. Durante os protestos em Hong Kong em 2019, por exemplo, o governo chinês orquestrou uma vasta campanha de desinformação, que retratava os manifestantes pró-democracia como terroristas e desordeiros, em uma tentativa de deslegitimar o movimento. Essa propaganda não se restringiu apenas à China continental, mas foi disseminada globalmente, atingindo públicos internacionais e influenciando a percepção mundial sobre os eventos.

Em paralelo, testemunhamos o crescimento das campanhas pró--governo em plataformas digitais. Esses conteúdos inundam as redes sociais com narrativas que favorecem o *status quo*, distorcendo a realidade e criando uma percepção alterada dos fatos, muita vezes com a ajuda de *bots* e perfis falsos. Essa estratégia de manipulação digital não exige censura explícita; em vez disso, é feita com a superexposição de uma única versão dos acontecimentos, repetida tantas vezes que a própria diversidade de pensamento se dilui.

É nesse cenário que o sequestro da consciência se torna ainda mais perigoso. A informação, ao invés de libertar, pode aprisionar. E isso não se dá por meio de restrições, mas por meio de uma sobrecarga de estímulos controlados e de um fluxo incessante de narrativas seletivas que moldam a percepção da realidade. Aquilo que se apresenta como liberdade de escolha se revela uma teia de decisões já programadas, em que o controle da mente e do comportamento ocorre de maneira tão delicada que não somos capazes de detectar suas amarras.

Portanto, o verdadeiro desafio da era digital é perceber que o sequestro da consciência, em sua forma atual, é tão eficaz justamente por sua invisibilidade.

Ele não pede a nossa submissão; ele oferece conveniência. Ele não usa coerção; ele utiliza personalização e apelo emocional. E, assim, à medida que cedemos ao conforto das narrativas que nos agradam, das informações que reforçam nossas crenças e das facilidades digitais, gradualmente nos distanciamos da capacidade de questionar, refletir e, acima de tudo, escolher conscientemente o que pensamos e no que acreditamos.

Este é o dilema das democracias modernas: a liberdade que prometem está constantemente sob ameaça, não pela força, mas pela sedução. O sequestro da consciência tornou-se uma prática sofisticada, sutil e adaptada aos dias de hoje, em que a tecnologia e a informação são as maiores promessas de liberdade e, ao mesmo tempo, os instrumentos mais eficazes de controle silencioso.

O SEQUESTRO DA CONSCIÊNCIA, EM SUA FORMA ATUAL, É TÃO EFICAZ JUSTAMENTE POR SUA INVISIBILIDADE.

Como o povo cubano sofreu o sequestro de sua consciência

Ao longo dos anos, o regime cubano, liderado no início por Fidel Castro, criou uma narrativa cuidadosamente estruturada para reconfigurar a percepção de liberdade no país, sequestrando a consciência do povo de forma gradual.

O processo começou com o domínio absoluto dos meios de comunicação, que foram nacionalizados logo após a revolução de 1959. Ao assumir o controle da imprensa, do rádio e da televisão, o governo moldou a realidade da população, apagando opiniões divergentes e promovendo a imagem do regime como o único defensor legítimo da liberdade. A propaganda do Estado passou a definir liberdade não como um direito individual, mas como uma luta contra o imperialismo e o apoio incondicional à revolução socialista.

A educação desempenhou um papel igualmente importante nessa transformação. Desde crianças, as pessoas eram doutrinadas com a narrativa de que o socialismo seria a única via para a verdadeira liberdade e que qualquer outra forma de governo era opressiva. As gerações subsequentes foram moldadas dentro dessa mentalidade, com o Estado garantindo que a população crescesse sem questionar as bases do regime. A crítica ao governo ou ao sistema socialista era não apenas desencorajada, mas ativamente reprimida, e as vozes dissidentes eram eliminadas por meio de censura, prisão ou exílio.

O medo também era uma ferramenta poderosa. A criação dos Comitês de Defesa da Revolução (CDR) introduziu um sistema de vigilância local, por meio do qual os cidadãos monitoravam uns aos outros. Essa rede de controle social garantiu que qualquer comportamento ou pensamento contrário ao regime fosse rapidamente identificado e neutralizado. A ameaça de punição constante inibiu o desenvolvimento de uma consciência crítica coletiva, levando muitos a silenciarem suas insatisfações e a aceitarem as restrições como uma realidade imutável.

A LIBERDADE QUE PROMETEM ESTÁ CONSTANTEMENTE SOB AMEAÇA, NÃO PELA FORÇA, MAS PELA SEDUÇÃO.

Além da repressão, a dependência econômica que o Estado cultivou entre a população fortaleceu ainda mais essa captura da liberdade. O governo garantia os recursos básicos, como alimentação, saúde e moradia; mas, em troca disso, exigia lealdade total. Para muitos, a ideia de liberdade ficou vinculada à sobrevivência dentro desse sistema controlado. A dependência do Estado fez com que questionar o regime se tornasse perigoso, já que isso poderia significar a perda dos poucos benefícios recebidos.

Com o passar das décadas, o regime conseguiu consolidar uma nova definição de liberdade. No lugar de direitos individuais, estabeleceu-se a ideia de que ser livre significava apoiar a revolução e resistir às pressões externas, particularmente as dos Estados Unidos. A geração que cresceu após a revolução foi condicionada a acreditar que não havia alternativa viável ao socialismo cubano. A verdadeira liberdade, no entanto, era continuamente negada, sendo substituída por um conceito manipulador que favorecia a estabilidade do regime.

Mesmo após o fim do apoio soviético e o colapso econômico que se seguiu, o governo conseguiu manter essa mentalidade, apresentando qualquer crítica como uma ameaça à independência da nação. A narrativa de que Cuba resistia heroicamente a uma opressão externa continuou a ser promovida, enquanto as liberdades civis e os direitos individuais permaneciam severamente limitados.

Assim, o regime cubano sequestrou a noção de liberdade de seu povo, redefinindo-a de modo que servisse aos seus interesses, silenciando o pensamento crítico e mantendo a população sob seu controle ideológico e econômico. A liberdade, em vez de ser uma aspiração natural dos indivíduos, tornou-se um conceito distorcido, controlado e mediado pelo Estado.

Regimes totalitários e o sequestro da consciência

Os regimes totalitários do século 20 talvez sejam os exemplos mais claros de como a consciência pode ser sequestrada em larga escala. Na Alemanha nazista, por exemplo, Adolf Hitler e o Partido Nazista usaram uma combinação de propaganda, controle da informação e terror para moldar a consciência coletiva de milhões de pessoas. A ideia de que a raça ariana seria superior e de que o extermínio de judeus e outras minorias era não apenas necessário, mas moralmente justificável, foi internalizada por muitos alemães através de uma campanha incansável de doutrinação.

Na União Soviética, Josef Stálin empregou táticas semelhantes para garantir o controle total sobre a mente coletiva. Por meio de expurgos, "reescrita" da história e propaganda incessante, Stálin construiu um culto à personalidade em que ele era visto como um líder infalível, um pai para todos os soviéticos. A crítica ao governo era equivalente à traição, e muitos foram executados ou enviados para campos de trabalho forçado, os *gulags*, simplesmente por expressarem dúvidas sobre a ideologia oficial.

Democracias e o sequestro da consciência

Embora as democracias tenham como fundamento a proteção da liberdade de pensamento e de expressão, elas não estão imunes aos mecanismos sofisticados que podem sequestrar a consciência coletiva. No centro desse dilema está a capacidade de influenciar a percepção pública de forma sutil, muitas vezes sem que as pessoas percebam que estão sendo conduzidas por narrativas manipulativas.

O que distingue o sequestro da consciência nas democracias modernas é sua natureza silenciosa — que não exige repressão explícita, mas opera por meio da desinformação, do medo e da conformidade social.

Um exemplo emblemático do passado pode ser encontrado nos Estados Unidos durante a **Guerra Fria**, quando o medo do comunismo se transformou em uma ferramenta poderosa para manipular a opinião pública. O **macarthismo**, liderado pelo senador Joseph McCarthy, foi uma campanha de perseguição que explorou o medo do comunismo para justificar o ataque a dissidentes políticos, intelectuais e artistas. Nesse período, a simples acusação de ser comunista poderia arruinar carreiras, famílias e vidas inteiras. O pânico gerado pela suposta ameaça comunista sequestrou a consciência coletiva dos norte-americanos, criando uma atmosfera de paranoia em que a conformidade e a obediência às normas sociais se tornaram obrigatórias — não por imposição legal, mas por pressão social. As pessoas, temendo serem vistas como "traidoras", ajustavam suas crenças e comportamentos, moldando-se a uma visão de mundo que não necessariamente refletia suas convicções pessoais, mas sim o medo de exclusão ou perseguição.

Se o medo e a paranoia de uma ideologia rival foram as ferramentas de manipulação durante a Guerra Fria, no século 21 as democracias enfrentam novos desafios — igualmente poderosos, mas muito mais difusos. A era digital inaugurou uma nova fase na maneira como as consciências são capturadas, especialmente por meio de redes sociais e campanhas de desinformação em massa.

O poder dessa nova forma de sequestro reside na **personalização** da desinformação. Diferentemente das campanhas tradicionais de propaganda, que eram direcionadas para o público em geral, as campanhas digitais são direcionadas a indivíduos específicos, com base em dados comportamentais e psicológicos extraídos de suas interações on-line. Perfis psicológicos são utilizados para identificar vulnerabilidades emocionais e cognitivas, permitindo que narrativas falsas sejam cuidadosamente desenhadas para atingir os pontos fracos de cada pessoa. Assim, as redes sociais deixam de ser plataformas neutras de expressão e se transformam em campos de batalha ideológicos, nos quais a verdade é distorcida e a realidade é fragmentada em várias versões conflitantes.

O QUE DISTINGUE O SEQUESTRO DA CONSCIÊNCIA NAS DEMOCRACIAS MODERNAS É SUA NATUREZA SILENCIOSA — QUE NÃO EXIGE REPRESSÃO EXPLÍCITA, MAS OPERA POR MEIO DA DESINFORMAÇÃO, DO MEDO E DA CONFORMIDADE SOCIAL.

Esse cenário cria uma nova forma de conformidade social, invisível, mas altamente eficaz. As pessoas, inseridas em bolhas informativas que confirmam preconceitos e crenças preexistentes, perdem a capacidade de questionar suas fontes de informação. O pensamento crítico, então, é substituído pela aceitação passiva das narrativas que são repetidas e reforçadas pelas redes sociais.

A **polarização** — deliberadamente exacerbada por campanhas de desinformação — divide a sociedade em facções cada vez mais fechadas e intransigentes, dentro das quais qualquer dissidência é tratada com suspeita e hostilidade.

O sequestro da consciência em democracias modernas não depende mais de líderes autoritários ou de regimes opressivos. Ele é sutil, fragmentado e personalizado. A ameaça não vem de um único poder central, mas de uma multiplicidade de atores — governos estrangeiros, corporações, movimentos políticos, superiores tribunais de justiça, tribunais eleitorais, polícia, exército, sindicatos, conselhos, artistas, movimentos sociais — que utilizam a tecnologia para moldar a percepção pública. E, nesse processo, a verdade deixa de ser um conceito objetivo e compartilhado para se tornar um campo de disputa em que a informação se molda ao interesse de quem detém o controle das narrativas.

As democracias, ao permitirem a livre circulação de informações, enfrentam o paradoxo de que essa mesma liberdade pode ser usada como arma contra a própria capacidade de pensar livremente. Portanto, o desafio contemporâneo não se limita a proteger a liberdade de expressão; também é necessário garantir que os cidadãos tenham as ferramentas críticas necessárias para navegar no vasto oceano de desinformação. O sequestro da consciência, uma vez percebido apenas em regimes totalitários, agora se torna uma ameaça real nas sociedades democráticas, exigindo vigilância constante não apenas sobre as autoridades que dizem defender a democracia, mas sobre as próprias estruturas que moldam a nossa realidade.

Corporações e o sequestro da consciência

O sequestro da consciência vai muito além das esferas políticas; ele se infiltra nas práticas cotidianas de consumo, movido por corporações que há muito tempo dominam a arte de moldar não apenas comportamentos, mas também percepções e identidades.

Hoje, as empresas não vendem somente produtos; elas constroem narrativas. E é através dessas narrativas cuidadosamente elaboradas que o controle mental e emocional é exercido sobre os consumidores.

Um exemplo claro desse fenômeno é o papel da publicidade. Grandes marcas como Coca-Cola e Apple transcendem o ato de vender refrigerantes ou eletrônicos — elas promovem sonhos, estilos de vida e até valores sociais. Suas campanhas publicitárias são minuciosamente arquitetadas para tocar em emoções humanas universais: a necessidade de pertencimento, o desejo de aceitação e a busca pela felicidade.

Ao longo dos anos, essas empresas aprenderam que a eficácia de suas mensagens reside menos na promoção dos méritos práticos de seus produtos e mais na criação de associações emocionais. Um refrigerante gelado em uma propaganda de Coca-Cola não é apenas uma bebida; é um símbolo de alegria compartilhada, de momentos com amigos e de celebração. Um iPhone não é apenas um smartphone; é o emblema da pós-modernidade, da inovação e do sucesso pessoal.

Desse modo, a publicidade sutilmente transforma necessidades sociais e psicológicas profundas em necessidades materiais. O consumidor, muitas vezes sem se dar conta, começa a enxergar esses produtos como extensões da própria identidade. As mensagens repetidas, disfarçadas de entretenimento ou de slogans aparentemente inofensivos, vão esculpindo valores que, eventualmente, são internalizados como inerentes ao indivíduo. A consciência, então, é sequestrada, não através de imposição ou coerção, mas por meio de uma sedução silenciosa.

O sequestro da consciência

O indivíduo não percebe que está adotando um conjunto de crenças e valores que, no fundo, foram moldados para atender a interesses corporativos.

Outro exemplo revelador dessa manipulação ocorre na indústria de *fast-food*. Há empresas que investem bilhões de dólares em campanhas publicitárias direcionadas, muitas vezes focadas em crianças. Por meio de brinquedos, personagens carismáticos e cores vibrantes, essas campanhas criam associações entre *junk food* e diversão, felicidade e até recompensas. Desde cedo, as crianças aprendem a associar alimentos altamente processados — ricos em gordura, açúcar e sódio — com momentos de alegria e entretenimento. À medida que crescem, essa associação persiste, criando hábitos alimentares que favorecem essas empresas e, frequentemente, em detrimento da saúde pública.

O mais preocupante é como essas campanhas conseguem, de maneira sistemática, suprimir a consciência crítica do consumidor. Mesmo com a crescente quantidade de evidências que apontam os malefícios do consumo excessivo de *fast-food*, a percepção geral sobre esses produtos continua sendo moldada pelas mensagens publicitárias que promovem conveniência e satisfação instantânea. O dilema é ainda mais profundo: as campanhas de marketing promovem uma falsa sensação de escolha — o consumidor acredita estar exercendo sua liberdade ao optar por um lanche rápido — quando, na realidade, essa escolha foi condicionada, desde a infância, pelas estratégias das corporações.

O sequestro da consciência, portanto, acontece quando as empresas são capazes de manipular as emoções e os valores fundamentais dos consumidores, sem que eles percebam que estão sendo direcionados para um comportamento que serve mais aos interesses das corporações do que a seus próprios. Através da repetição de mensagens, da criação de associações emocionais e do apelo às necessidades humanas mais básicas, as marcas conseguem transformar consumidores em seguidores fiéis de uma ideologia de consumo. E o mais alarmante é que essa transformação acontece de maneira imperceptível, mas profundamente enraizada.

HOJE, AS EMPRESAS NÃO VENDEM SOMENTE PRODUTOS; ELAS CONSTROEM NARRATIVAS. E É ATRAVÉS DESSAS NARRATIVAS CUIDADOSAMENTE ELABORADAS QUE O CONTROLE MENTAL E EMOCIONAL É EXERCIDO SOBRE OS CONSUMIDORES.

O sequestro da consciência

O CONSUMIDOR, MUITAS VEZES SEM SE DAR CONTA, COMEÇA A ENXERGAR ESSES PRODUTOS COMO EXTENSÕES DA PRÓPRIA IDENTIDADE.

Em um mundo onde a informação circula de maneira abundante e rápida, o verdadeiro desafio é ser capaz de filtrar essas mensagens e questionar até que ponto nossas escolhas e crenças são realmente nossas. As corporações, como arquitetas modernas do desejo, compreendem que o controle não precisa ser bruto nem explícito — ele pode ser delicado, emocional e, por isso, extremamente eficaz. O consumidor deve, portanto, estar atento não apenas ao *que* compra, mas também a *por que* compra, bem como às narrativas invisíveis que guiam suas decisões.

O sequestro da consciência pelo consumo é, em última análise, um reflexo da capacidade das corporações de explorar as vulnerabilidades emocionais e psicológicas de uma sociedade. A liberdade, tanto de pensamento quanto de escolha, é corroída por um dilúvio de mensagens que, ao prometer felicidade, pertencimento ou sucesso, reconfiguram nossa percepção da realidade, tornando-nos cativos de um sistema que, ao final, nos molda mais do que admitimos.

O sequestro da consciência é um fenômeno complexo e multifacetado que exige uma análise em diferentes contextos e através de diversos meios para que possamos começar a identificar as maneiras pelas quais nossa própria mente pode estar sendo influenciada.

CAPÍTULO 2

DESVENDANDO AS TÉCNICAS DE MANIPULAÇÃO MENTAL

O sequestro da consciência não acontece em um vácuo; ele é o resultado de técnicas meticulosamente aplicadas que manipulam a percepção, o pensamento e, finalmente, o comportamento dos indivíduos.

Existem diversas estratégias que regimes, corporações e movimentos sociais utilizam para moldar a mente coletiva, levando pessoas e grupos inteiros a adotarem crenças e comportamentos que podem estar em desacordo com seus valores ou interesses pessoais.

PROPAGANDA E PERSUASÃO

A propaganda na Primeira Guerra Mundial e na Alemanha nazista

A propaganda, ao longo da história, tem sido a arte sutil de capturar mentes e corações, transformando complexidades em simplicidades convincentes. Mais do que apenas uma ferramenta de comunicação, a propaganda é uma forma de narrativa, uma moldura seletiva que define inimigos, eleva líderes e simplifica dilemas morais. Se usada estrategicamente, ela é capaz de converter incertezas e divergências em certezas absolutas e mobilização coletiva.

Durante a **Primeira Guerra Mundial**, o uso da propaganda emergiu como uma das armas mais poderosas e persuasivas, tanto pelos **Aliados** quanto pelas **Potências Centrais**. No Reino Unido, o **Comitê** de **Propaganda de Guerra**, estabelecido em 1914, desempenhou um papel fundamental na construção da percepção pública sobre a guerra. Com milhões de pôsteres, panfletos e filmes circulando por toda a nação, uma narrativa binária foi promovida: a guerra não era apenas um conflito entre nações, mas uma batalha moral entre o bem e o mal. Os alemães foram retratados como bárbaros brutais, uma ameaça à civilização. Pôsteres icônicos, como aquele que demoniza o kaiser Wilhelm II, serviam para reforçar o ódio e solidificar a imagem de um inimigo inumano, ajudando a convencer os britânicos de que os sacrifícios necessários — seja em termos de vidas, economia ou liberdade — eram justificados.

Do outro lado do Atlântico, os **Estados Unidos**, inicialmente hesitantes em se envolver no conflito, passaram por uma transformação drástica graças ao trabalho da **Comissão de Informação Pública**, liderada por George Creel. A comissão construiu uma narrativa que combinava patriotismo com o conceito messiânico do papel norte-americano na proteção da liberdade global. Filmes como *The Kaiser: The Beast of Berlin* (1918) personificavam o inimigo como uma ameaça existencial, enquanto discursos públicos e pôsteres exaltavam os ideais de democracia e justiça. O resultado foi uma nação a princípio neutra que, em um curto espaço de tempo, se viu profundamente comprometida com o esforço de guerra. O poder dessa propaganda não residia apenas em sua capacidade de mobilizar a população, mas também em como ela ajudava a moldar a própria identidade nacional americana — uma nação destinada a liderar o mundo na preservação da democracia.

No entanto, se a Primeira Guerra Mundial inaugurou a propaganda como um elemento-chave para a mobilização em massa, foi na Alemanha nazista que a propaganda alcançou um novo nível de sofisticação e controle absoluto. Sob o comando de **Joseph Goebbels**, o regime de Hitler criou um aparato de comunicação de massa que permeava todos os aspectos da vida alemã. A propaganda não era apenas uma ferramenta de mobilização; era o próprio oxigênio do regime nazista, moldando a percepção pública e redefinindo os valores da sociedade.

Goebbels entendia que a propaganda eficaz não era construída apenas sobre fatos ou argumentos racionais; ela dependia de apelos emocionais profundos, da criação de mitos e da utilização do medo como uma arma psicológica. Sob sua liderança, o **Ministério da Propaganda** controlava todos os meios de comunicação, desde jornais e revistas até o cinema e o rádio. Cada imagem e palavra publicadas ou transmitidas eram cuidadosamente projetadas para consolidar a visão de mundo nazista. Filmes como *O judeu eterno* (1940) ilustravam, de forma grotesca e desumanizadora, os estereótipos antissemitas, reforçando a narrativa de que os judeus eram não apenas inimigos do Estado alemão, mas uma ameaça à própria sobrevivência da civilização.

A propaganda nazista foi além da simples demonização de inimigos externos: ela construiu uma imagem quase divina de Adolf Hitler, promovendo-o como o salvador da Alemanha. O mito de Hitler como líder infalível foi reforçado por uma narrativa de nacionalismo extremo, segundo a qual o destino da Alemanha estava inexoravelmente ligado ao seu *Führer*, o Líder. Ao mesmo tempo, os nazistas utilizaram a propaganda para criar uma sensação de destino coletivo — uma nação unida em sua missão histórica de grandeza, purificada de seus inimigos internos e externos.

O impacto dessa propaganda foi devastador. A transformação da sociedade alemã não foi uma consequência acidental, mas o resultado de uma campanha orquestrada para capturar mentes, reconfigurar valores e desumanizar aqueles que não se encaixavam na visão de mundo do regime. O genocídio que se seguiu, com milhões de judeus, ciganos e outras minorias sendo sistematicamente assassinados, foi, em grande parte, facilitado pela aceitação social generalizada da ideologia nazista — uma aceitação moldada e nutrida pela propaganda incessante.

A história da propaganda, portanto, é a história do controle sobre a percepção pública. Seja no contexto de uma guerra mundial ou sob o jugo de um regime totalitário, a capacidade de moldar narrativas coletivas e redefinir o que é considerado moral ou imoral está no cerne de como as sociedades são manipuladas. O legado de Goebbels e outros mestres da propaganda é um alerta sombrio sobre o poder de palavras, imagens e narrativas, as quais, quando controladas, podem sequestrar a consciência de milhões de pessoas, apagando distinções entre verdade e mentira, bem e mal, realidade e ficção.

FILMES COMO *O JUDEU ETERNO* ILUSTRAVAM, DE FORMA GROTESCA E DESUMANIZADORA, OS ESTEREÓTIPOS ANTISSEMITAS, REFORÇANDO A NARRATIVA DE QUE OS JUDEUS ERAM NÃO APENAS INIMIGOS DO ESTADO ALEMÃO, MAS UMA AMEAÇA À PRÓPRIA SOBREVIVÊNCIA DA CIVILIZAÇÃO.

A propaganda nas democracias modernas

Embora a propaganda seja frequentemente associada a regimes autoritários, ela desempenha um papel igualmente sofisticado e insidioso em democracias modernas. Um dos exemplos mais marcantes dessa utilização em tempos recentes foi a narrativa moldada no contexto da

guerra contra o terrorismo. Após os trágicos ataques de 11 de setembro de 2001,[2] o governo dos Estados Unidos, sob a administração de George W. Bush, implementou uma estratégia de comunicação intensamente orquestrada, destinada a justificar ações militares no Oriente Médio e a redefinir a compreensão pública sobre a segurança global.

Essa campanha de propaganda não apelou apenas ao medo visceral provocado pelos atentados, mas também utilizou símbolos poderosos de identidade nacional e moralidade. Imagens de bandeiras dos Estados Unidos, sobrepostas a cenas de devastação, entrelaçavam a ideia de patriotismo com a necessidade de retribuição e defesa.

O termo "Eixo do Mal" — cunhado para descrever um grupo de nações que, supostamente, ameaçavam a segurança e os valores ocidentais — foi repetido até que se tornasse parte do vocabulário cotidiano, associando complexas questões geopolíticas à simples dicotomia entre bem e mal. Essa narrativa, segundo a qual a liberdade estava em jogo e o inimigo era demonizado, forneceu a justificativa emocional e moral para a **invasão do Iraque em 2003**, apesar da falta de evidências concretas que ligassem o Iraque aos ataques de 11 de setembro ou à posse de armas de destruição em massa.

O poder dessa propaganda reside não apenas no apelo à emoção, mas também na capacidade de simplificar questões extremamente complexas. Ao transformar uma série de dilemas geopolíticos em uma luta maniqueísta por liberdade e segurança, o governo conseguiu alinhar a opinião pública e, mais do que isso, suprimir vozes críticas que apontavam para as falhas nas justificativas apresentadas. Em vez de questionar a

---

2. Nessa data, quatro aviões comerciais norte-americanos foram sequestrados na costa leste do país. Dois deles foram lançados contra as torres gêmeas do World Trade Center em Nova York, um chocou-se com o Pentágono em Washington DC e outro caiu em uma área desabitada na Pensilvânia. No total, 2.977 pessoas foram mortas e mais de 6 mil ficaram feridas no atentado terrorista, uma tragédia que mudou a geopolítica no século 21.

validade das alegações ou de explorar as possíveis consequências de uma guerra prolongada, muitas pessoas foram induzidas a apoiar as ações militares, confiando na narrativa que lhes fora apresentada.

Esse fenômeno evidencia como, mesmo em democracias, nas quais a liberdade de expressão e o debate aberto são valores centrais, a propaganda pode ser utilizada para manipular percepções e canalizar emoções em direções predeterminadas. Não se trata apenas de fabricar consenso, mas de reescrever as fronteiras do pensamento crítico. Quando o medo, o patriotismo ou a moralidade são invocados de maneira intensa e repetida, cria-se uma barreira emocional que dificulta a reflexão racional. O espaço para a dúvida se reduz, e o desejo de proteger a nação — ou de se alinhar com os valores coletivos — se torna prioritário.

Esse tipo de manipulação psicológica é amplamente eficaz porque apela a impulsos humanos fundamentais. O medo da ameaça externa, o desejo de pertencimento ao grupo e o instinto de proteger valores percebidos como sagrados ou essenciais para a identidade nacional são elementos profundos da experiência humana. Ao explorar esses sentimentos, a propaganda em democracias modernas pode parecer legítima, apelando ao que há de mais íntimo no ser humano, enquanto, ao mesmo tempo, fecha as portas para um debate aberto e ponderado.

No entanto, é precisamente nesse contexto que a propaganda se torna ainda mais perigosa. Nas democracias, onde o pluralismo e a liberdade de expressão são ostensivamente garantidos, as pessoas tendem a acreditar que suas decisões são tomadas de forma livre, sem coerção. Isso faz com que a propaganda seja muitas vezes imperceptível, pois se esconde sob o véu da legitimidade, seja política, seja moral. Ao contrário dos regimes autoritários, em que a propaganda é frequentemente vista como uma imposição do poder, nas democracias ela se disfarça de consenso popular e necessidade inevitável.

Portanto, o poder da propaganda em sociedades democráticas está não apenas em sua capacidade de simplificar questões complexas, mas em sua habilidade de tornar essas simplificações invisíveis, de modo que os indivíduos internalizem as narrativas como se fossem convicções próprias.

Dessa forma, o apoio passivo a políticas governamentais é tão perigoso quanto a erosão gradual da capacidade de questionar e pensar criticamente.

Em última análise, a lição é clara: mesmo em sistemas nos quais a liberdade de pensamento é protegida, a vigilância crítica deve ser constante. A propaganda, quando não questionada, além de moldar as decisões do presente, pode reescrever os próprios princípios sobre os quais a sociedade foi fundada.

REPETIÇÃO E RITUAL

A psicologia da repetição

A repetição é uma técnica fundamental para consolidar ideias na mente humana. Em psicologia, sabe-se que a exposição repetida a uma mensagem aumenta sua persuasividade — um fenômeno conhecido como "efeito de mera exposição". Quando são repetidamente expostas a uma ideia, as pessoas começam a percebê-la como mais verdadeira, mesmo que inicialmente a considerassem duvidosa ou falsa. Esse princípio é amplamente utilizado em campanhas publicitárias e políticas.

A REPETIÇÃO É UMA TÉCNICA FUNDAMENTAL PARA CONSOLIDAR IDEIAS NA MENTE HUMANA.

O PODER DA PROPAGANDA EM SOCIEDADES DEMOCRÁTICAS ESTÁ NÃO APENAS EM SUA CAPACIDADE DE SIMPLIFICAR QUESTÕES COMPLEXAS, MAS EM SUA HABILIDADE DE TORNAR ESSAS SIMPLIFICAÇÕES INVISÍVEIS, DE MODO QUE OS INDIVÍDUOS INTERNALIZEM AS NARRATIVAS COMO SE FOSSEM CONVICÇÕES PRÓPRIAS.

O uso de slogans e da repetição na Alemanha Nazista

Os nazistas entenderam bem o poder da repetição. Slogans como *Ein Volk, ein Reich, ein Führer!* ("Um Povo, um Império, um Líder!") foram repetidos incessantemente em discursos, pôsteres e canções. Essas frases simples, mas poderosas, não apenas reforçavam a autoridade de Hitler como também criavam um senso de unidade e destino entre os alemães. A repetição constante de ideias como "a pureza da raça ariana" e "a ameaça judaica" serviu para normalizar essas crenças entre a população, levando à aceitação generalizada de políticas racistas e genocidas.

Repetição na atualidade: publicidade e consumo

No mundo corporativo, a repetição é uma ferramenta poderosa que transcende a simples exposição de um produto, estabelecendo uma conexão emocional entre o consumidor e a marca. É um processo que opera nos recessos do subconsciente, onde slogans e imagens repetidas começam a se entrelaçar com valores e aspirações.

Tome, por exemplo, o famoso slogan *Just Do It* ("Apenas Faça") da Nike. Essa frase, mais do que vender calçados, evoca uma filosofia que incentiva ação, determinação e sucesso. A marca se tornou sinônimo de um estilo de vida ativo e resoluto, não apenas por meio da qualidade de seus produtos, mas pela constante repetição da mensagem em comerciais, *outdoors* e eventos esportivos. Ao longo do tempo, essa repetição criou uma espécie de condicionamento, transformando o ato de comprar um par de tênis da Nike em sinônimo de aceitação e internalização dessa filosofia.

Esse fenômeno não está limitado ao consumo, mas se estende ao campo político, em que a repetição de mensagens e slogans simplificados pode moldar ideologias.

Na eleição presidencial dos Estados Unidos em 2016, o slogan *Make America Great Again* ("Torne a América Grande Novamente") foi repetido de maneira incansável por Donald Trump e sua equipe. Essa frase ressoava como uma promessa implícita de restauração e poder, uma solução simplificada para problemas profundamente complexos. Ao ser repetido em comícios, debates e redes sociais, o slogan transformou-se em um mantra que encapsulava o descontentamento de muitos eleitores, solidificando a base de apoio a Trump. A força dessa repetição estava em sua simplicidade, permitindo que fosse absorvida e reiterada por milhões, o que ajudou a construir a percepção de que havia uma solução simples e clara para um futuro incerto.

Além da repetição, os **rituais ideológicos** desempenham um papel crucial no reforço e na perpetuação de crenças. Eles oferecem um cenário em que a ideologia é vivenciada fisicamente, criando um espaço de pertencimento e reafirmação coletiva. Rituais, sejam eles grandes cerimônias ou práticas cotidianas, reforçam comportamentos e crenças de maneira automática, criando padrões de pensamento e ação que resistem à mudança.

Na **União Soviética**, por exemplo, os desfiles militares e as celebrações do **Dia do Trabalhador** eram muito mais do que meros eventos sociais; eram espetáculos cuidadosamente orquestrados para reforçar a lealdade ao regime e aos valores do Partido Comunista. Ao reunir milhões de cidadãos em rituais de celebração, o Estado não apenas reafirmava seu poder, mas também normalizava a adesão ideológica. O cidadão, ao participar desses eventos, internalizava uma narrativa de poder e unidade, enquanto o pensamento crítico era suprimido por uma repetição constante de símbolos, discursos e gestos que celebravam a ideologia dominante.

Esses rituais têm o poder de solidificar crenças e suprimir dissidência. A repetição de práticas, associada à força emocional de fazer parte de um coletivo que compartilha as mesmas convicções, cria uma adesão quase reflexiva à ideologia em questão. O comportamento torna-se automatizado e a capacidade de questionamento é minimizada, uma vez que o indivíduo passa a reproduzir ações e pensamentos de maneira quase ritualística, sem que haja uma reflexão profunda.

Atualmente, esse tipo de ritual se manifesta de formas novas e mais sutis. **Movimentos políticos e sociais** contemporâneos também utilizam rituais para reforçar sua coesão. Participar de protestos, vigílias, marchas ou até campanhas com *hashtags* nas redes sociais é uma forma de ritualismo moderno. Esses atos criam uma sensação de unidade e propósito compartilhado entre os participantes, dando-lhes a sensação de alinhamento em torno de uma causa maior. No entanto, esses rituais também podem, inadvertidamente, limitar o espaço para o questionamento e a reflexão crítica. A repetição de comportamentos dentro de um grupo, especialmente em ambientes polarizados, pode reforçar a mentalidade de grupo, sob a qual a divergência é desencorajada ou até punida.

Assim como nos rituais políticos do passado, a participação em movimentos contemporâneos muitas vezes envolve a adesão a um conjunto de valores e símbolos que reforçam a unidade. Embora possa ser uma fonte poderosa de solidariedade e mudança social, isso também implica o risco de suprimir o pensamento independente. A repetição e o ritual, quando combinados, podem criar um espaço onde a adesão automática substitui a análise crítica — e onde o comportamento coletivo se torna uma resposta reflexiva, em vez de uma escolha consciente.

No final das contas, seja no consumo, na política ou nas ideologias sociais, a repetição e os rituais têm o poder de moldar consciências de maneira quase invisível, conectando emoções profundas a comportamentos que, em muitos casos, são aceitos sem questionamento.

> **PARTICIPAR DE PROTESTOS, VIGÍLIAS, MARCHAS OU ATÉ CAMPANHAS COM *HASHTAGS* NAS REDES SOCIAIS É UMA FORMA DE RITUALISMO MODERNO.**

A verdadeira questão que se impõe para o indivíduo contemporâneo é: até que ponto somos nós que escolhemos nossas crenças e comportamentos? E até que ponto estamos apenas repetindo o que fomos ensinados a aceitar como "normal"?

CONTROLE DA INFORMAÇÃO

Censura e manipulação na União Soviética

O controle da informação é uma das formas mais sutis e eficazes de moldar a percepção pública e sequestrar a consciência. Ao limitar o que as pessoas sabem ou manipular o que é divulgado, governos e instituições podem controlar a realidade percebida, alinhando-a com seus interesses e neutralizando qualquer ameaça ao *status quo*.

Na **União Soviética**, o controle da informação era total. O Estado dominava todos os meios de comunicação, desde jornais até o cinema, e qualquer tentativa de dissidência era implacavelmente reprimida. A imprensa era uma extensão do Partido Comunista, encarregada de divulgar a narrativa oficial e garantir que a ideologia soviética permanecesse inquestionável. Livros que criticavam o regime eram banidos, e autores que ousavam desafiar o Partido, como **Alexander Solzhenitsyn**, eram perseguidos, exilados ou até executados. O livro mais conhecido de Solzhenitsyn, *Arquipélago Gulag*, lançado em 1973, expôs ao mundo as atrocidades dos campos de trabalhos forçados soviéticos; no entanto, dentro da URSS a obra era censurada e tratada como inimiga do Estado.

Esse controle não se limitava ao presente; ele também estendia suas mãos ao passado. A **reescrita da história** era uma prática comum na União Soviética. Políticos e figuras públicas que caíam em desgraça eram literalmente apagados dos registros, tanto de fotografias quanto de documentos oficiais. Esse processo de "apagamento" era feito para garantir que a versão oficial da história fosse coerente com a narrativa do Partido, criando uma realidade fictícia em que o Partido era sempre infalível e incontestável. Ao manipular tanto o passado quanto o presente, o regime soviético não permitia que a verdade interferisse na construção de seu poder.

Contudo, o controle da informação não é um fenômeno exclusivo de regimes autoritários. Mesmo nas **democracias modernas**, em que a liberdade de imprensa é amplamente protegida, o controle da informação pode ocorrer de maneiras mais sutis e complexas.

Durante a **Guerra do Vietnã**, por exemplo, o governo dos Estados Unidos utilizou essa estratégia para moldar a percepção pública sobre o conflito. A administração de Lyndon B. Johnson vendeu a guerra como uma luta essencial para conter o avanço do comunismo, enquanto ocultava informações sobre os verdadeiros desafios enfrentados pelas forças norte-americanas, incluindo as crescentes baixas e as atrocidades cometidas no campo de batalha.

O exemplo mais notório dessa manipulação foi a ocultação de eventos como o **Massacre de My Lai**, quando centenas de civis vietnamitas foram brutalmente assassinados por soldados americanos. A verdadeira extensão dessa e de outras atrocidades só veio à tona após a divulgação, em 1971, dos **Papéis do Pentágono**, documentos secretos que foram vazados e revelaram as inconsistências e mentiras sustentadas pelo governo sobre a guerra. Essa revelação gerou uma crise de confiança pública e mostrou que, mesmo em democracias, o controle da informação pode ser usado para sustentar políticas impopulares ou imorais.

Na era contemporânea, o controle da informação tem assumido formas ainda mais sutis com o advento da **tecnologia digital** e das **redes sociais**. Embora os governos ainda possam influenciar a imprensa tradicional, o novo campo de batalha é o espaço virtual, onde algoritmos determinam o que os usuários veem ou deixam de ver. Empresas como Facebook e Google, que controlam grande parte da informação que circula na internet, utilizam algoritmos que filtram o conteúdo com base em interesses e comportamentos prévios dos usuários. Isso cria o fenômeno das **bolhas de filtro**, em que as pessoas são expostas apenas a conteúdos que reforçam suas crenças preexistentes.

Os algoritmos, ao priorizarem o engajamento acima de tudo, muitas vezes promovem conteúdos sensacionalistas, desinformação e *fake news*, gerando divisões sociais e reforçando preconceitos. O resultado é uma sociedade fragmentada, que substitui o debate público saudável por *echo chambers* ("câmaras de eco") — ambientes fechados onde o pensamento crítico é limitado e a exposição a pontos de vista divergentes se torna rara. Assim, o controle da informação deixa de ser uma questão de censura direta e passa a ser uma questão de manipulação indireta, por meio da qual a ilusão de escolha é mantida, mas a realidade percebida é moldada de acordo com algoritmos e interesses corporativos.

Essa forma de controle é tão perigosa quanto as formas mais tradicionais, pois o usuário comum não percebe que está sendo manipulado.

Acredita-se que, com acesso ilimitado à informação, estamos mais bem informados do que nunca; mas, na realidade, muitas vezes estamos presos em um ciclo de reforço contínuo, vendo apenas o que nos é permitido ver.

O sequestro da consciência, nesse novo cenário, acontece não pela supressão da informação, e sim pela sua manipulação silenciosa.

A Guerra da Informação e a Rússia contemporânea

Na Rússia contemporânea, sob o governo de Vladimir Putin, o controle da informação tem sido uma ferramenta central de manutenção do poder. O Kremlin controla diretamente ou exerce influência significativa sobre a maioria dos principais meios de comunicação russos, que promovem uma narrativa pró-governo e demonizam a oposição. Jornalistas independentes e dissidentes enfrentam ameaças, intimidações e, em muitos casos, violência ou morte.

A VERDADEIRA QUESTÃO QUE SE IMPÕE PARA O INDIVÍDUO CONTEMPORÂNEO É: ATÉ QUE PONTO SOMOS NÓS QUE ESCOLHEMOS NOSSAS CRENÇAS E COMPORTAMENTOS? E ATÉ QUE PONTO ESTAMOS APENAS REPETINDO O QUE FOMOS ENSINADOS A ACEITAR COMO "NORMAL"?

Além disso, a Rússia tem sido acusada de usar campanhas de desinformação para influenciar a política interna de outros países, especialmente durante as eleições norte-americanas de 2016. Essas campanhas utilizam redes sociais e sites de notícias falsas para espalhar desinformação, criar confusão e dividir a população, tornando difícil discernir a verdade da mentira. A eficácia dessas campanhas mostra como o controle e a manipulação da informação podem ser utilizados não apenas para controlar uma população doméstica, mas também para interferir em democracias estrangeiras.

CRIAÇÃO DE INIMIGOS COMUNS

A invenção do "inimigo interno" no nazismo

A criação de inimigos comuns é uma tática psicologicamente eficaz utilizada por regimes e ideologias para gerar coesão social e justificar ações radicais. Ao identificarem um inimigo claro e perigoso, governos e movimentos conseguem desviar a atenção dos problemas internos, canalizando o descontentamento popular para um alvo externo ou interno que, convenientemente, se torna o responsável por todas as adversidades da nação ou do grupo. Essa estratégia transforma o medo e a insegurança em ferramentas de controle, de modo que a própria sobrevivência do grupo pareça depender da eliminação ou supressão desse inimigo fabricado.

Um dos exemplos mais brutais e eficazes dessa técnica foi sua utilização pelo regime nazista. Adolf Hitler e o Partido Nazista, ao chegarem ao poder, compreenderam que a criação de um "inimigo interno" poderia unificar a população alemã e consolidar seu domínio político. Os **judeus** foram escolhidos como o alvo perfeito para essa narrativa, sendo apresentados como uma ameaça existencial à "pureza racial" e à segurança da Alemanha, com o regime disseminando a falsa ideia de que os judeus conspiravam para destruir a nação, corromper a raça ariana e dominar o mundo.

Essa narrativa foi reforçada por pseudociência e propaganda de massa que repetidamente pintavam os judeus como parasitas e inimigos traiçoeiros. Cartazes, jornais, filmes e até o sistema educacional alemão martelavam na mentalidade coletiva a ideia de que a salvação da Alemanha dependia da erradicação desse "inimigo". O resultado foi uma sociedade unida em torno do ódio, disposta a aceitar — e até participar — das políticas racistas que levaram ao **Holocausto**. A criação de um inimigo comum, além de fornecer um alvo externo, funcionava também como um bode expiatório eficaz para os problemas sociais e econômicos do país. A crise econômica, o desemprego e a derrota humilhante na Primeira Guerra Mundial foram todos atribuídos a essa conspiração judaica inventada, desviando a responsabilidade do governo nazista e da elite política.

O "inimigo interno" nos Estados Unidos contemporâneos

Essa mesma tática, embora adaptada às realidades políticas e culturais de outros tempos e lugares, continuou a ser empregada em contextos contemporâneos. Durante a **Guerra Fria**, por exemplo, os **comunistas** foram apresentados como o grande inimigo da América. Isso levou ao **macarthismo**, fenômeno que promoveu uma "caça às bruxas" dentro dos Estados Unidos, perseguindo e investigando qualquer cidadão suspeito de ter ligações comunistas. Em nome da segurança nacional, foram conduzidas investigações amplas e muitas vezes arbitrárias, que geraram uma atmosfera de paranoia. Pessoas que simplesmente questionavam o *status quo* ou se posicionavam contra as ações do governo eram rapidamente rotuladas de traidoras ou subversivas.

ACREDITA-SE QUE, COM ACESSO ILIMITADO À INFORMAÇÃO, ESTAMOS MAIS BEM INFORMADOS DO QUE NUNCA; MAS, NA REALIDADE, MUITAS VEZES ESTAMOS PRESOS EM UM CICLO DE REFORÇO CONTÍNUO, VENDO APENAS O QUE NOS É PERMITIDO VER.

Essa tática funcionou não apenas para sufocar o dissenso, mas para reafirmar a coesão nacional em torno de uma narrativa de "nós contra eles". O medo do comunismo, embora legitimado pela realidade da Guerra Fria, também foi amplamente explorado como uma ferramenta política para controlar a população e justificar medidas drásticas, como a restrição de liberdades civis. O que aconteceu com os supostos comunistas nos Estados Unidos não era muito diferente da dinâmica de outros momentos históricos: a criação de um inimigo invisível, mas sempre presente, cuja destruição se torna uma prioridade nacional.

Nos Estados Unidos contemporâneos, a criação de inimigos comuns continua a desempenhar um papel central tanto na política quanto na cultura. O cenário político polarizado dos últimos anos mostrou como os partidos políticos, de ambos os lados, muitas vezes recorrem à demonização de seus oponentes como forma de galvanizar apoio. Retóricas que retratam os adversários políticos como ameaças existenciais à identidade nacional, à segurança ou à moralidade têm se tornado comuns, tanto nos discursos quanto nas campanhas.

Expressões como "inimigos da pátria", "destruidores de valores tradicionais", "fascistas" e "antidemocratas" são usadas para pintar o oponente político não apenas como um adversário ideológico, mas como uma ameaça ao próprio tecido da sociedade.

Essa criação de inimigos comuns contribui diretamente para a **polarização extrema** que caracteriza a política moderna. Ao demonizar o outro lado, os partidos não apenas solidificam suas bases eleitorais, mas também justificam políticas mais radicais que, em circunstâncias normais, enfrentariam resistência significativa. Sob a justificativa de proteger a nação, a segurança ou os "valores fundamentais", as liberdades civis podem ser restringidas e o controle governamental pode ser expandido. A lógica por trás dessas medidas, como em qualquer narrativa de inimigo comum, é que o sacrifício de certas liberdades ou direitos é um preço necessário a se pagar em tempos de ameaça existencial.

A criação de inimigos comuns, seja no contexto de regimes totalitários ou em democracias, é uma técnica recorrente e eficaz para manter o controle sobre as massas. Ela transforma complexidades sociais, políticas e econômicas em batalhas maniqueístas entre o bem e o mal, unindo grupos em torno de uma causa aparentemente justa e necessária. No entanto, essa técnica também carrega um grande perigo: ao promover o medo e o ódio, ela não apenas restringe a dissidência e a diversidade de pensamento, mas também justifica ações que, em tempos normais, seriam consideradas extremas e inaceitáveis.

A história mostra que a criação de inimigos, quando não questionada, pode levar a desastres morais e humanos, como vimos no caso do Holocausto e de outras perseguições em massa. O desafio da sociedade moderna é, portanto, reconhecer essas táticas e resistir ao impulso de aceitar narrativas simplistas sobre quem são os "inimigos", preservando espaço para o pensamento crítico e o debate aberto, mesmo em tempos de medo e incerteza.

Podemos ver o mesmo ocorrendo na América Latina: a Venezuela elege os Estados Unidos como o grande vilão das barbáries realizadas, no fundo, pelo próprio grupo que comanda o país.

POLARIZAÇÃO E DIVISÃO

A estratégia de polarização no Brasil contemporâneo

A polarização é uma tática frequentemente utilizada para fragentar sociedades em grupos que se enxergam como opostos irreconciliáveis. Esse fenômeno, ao criar um ambiente de confronto constante, reforça a lealdade a determinadas causas ou lideranças, ao mesmo tempo que inviabiliza o diálogo construtivo.

No **Brasil**, a polarização política tomou proporções extremas nas últimas décadas, alimentada por uma combinação de discursos inflamados, parte da grande mídia engajada e uso estratégico das redes sociais para disseminar desinformação.

Durante as **eleições presidenciais de 2018**, o país se viu profundamente dividido. De um lado, havia os apoiadores de **Jair Bolsonaro**, que se apresentava como um candidato *antiestablishment*, prometendo medidas drásticas para combater a corrupção e a criminalidade. Do outro, os eleitores de **Fernando Haddad**, do **Partido dos Trabalhadores (PT)**, buscavam manter a continuidade das políticas iniciadas pelos governos de **Lula da Silva**.

> **AO CRIAR UM AMBIENTE DE CONFRONTO CONSTANTE, A POLARIZAÇÃO REFORÇA A LEALDADE A DETERMINADAS CAUSAS OU LIDERANÇAS, AO MESMO TEMPO QUE INVIABILIZA O DIÁLOGO CONSTRUTIVO.**

A campanha foi marcada por uma retórica incendiária de ambas as partes, em que a polarização foi amplificada por campanhas de *fake news* e desinformação, especialmente nas redes sociais.

Essa divisão política rapidamente se transformou em uma cisão social e cultural. A polarização não se restringiu aos debates públicos; ela penetrou nas relações familiares e nas amizades, criando um ambiente de desconfiança e isolamento ideológico. As pessoas passaram a viver em **bolhas de pensamento**, consumindo e validando apenas as informações que reforçavam suas crenças preexistentes. Com isso, o **debate racional** sobre questões complexas foi substituído por uma narrativa maniqueísta, em que um lado via a si mesmo como defensor do bem e o outro como a personificação do mal.

A polarização, entretanto, não é um fenômeno puramente espontâneo. Ela é frequentemente **orquestrada** e incentivada por lideranças políticas. No Brasil, um dos primeiros sinais explícitos dessa polarização foi a criação de **caricaturas sociais** para desqualificar o adversário. Quem não era de esquerda era rotulado de "coxinha", enquanto aqueles que apoiavam políticas de esquerda foram apelidados de "mortadelas". Essas caricaturas superficiais funcionavam como rótulos que reduziam o outro lado a um estereótipo, impedindo qualquer forma de engajamento ou diálogo genuíno.

À medida que a polarização se intensificou, líderes políticos de ambos os lados começaram a usar as próprias plataformas digitais para **incentivar ainda mais o confronto**. Verbalizações incendiárias e gestos que promoviam a radicalização tornaram-se frequentes, animando os seguidores a replicar esse comportamento e a encarar seus oponentes não apenas como adversários políticos, mas como **ameaças existenciais**.

No cenário mundial, a **esquerda global** adotou uma nova forma de polarização ao rotular seus opositores não esquerdistas como "fascistas" ou "de extrema-direita".

Essa tática, além de criar uma barreira quase intransponível para o debate, reforça a noção de que qualquer oposição deve ser combatida de maneira veemente.

Naturalmente, esse tipo de categorização simplista gerou um **contraponto**, levando a outra parte a também rotular e radicalizar seus discursos. O resultado foi o que muitos analistas já previam: uma polarização crescente, em que a **sociedade se fragmenta** em facções opostas e a capacidade de diálogo é praticamente anulada.

NO CENÁRIO MUNDIAL, A ESQUERDA GLOBAL ADOTOU UMA NOVA FORMA DE POLARIZAÇÃO AO ROTULAR SEUS OPOSITORES NÃO ESQUERDISTAS COMO "FASCISTAS" OU "DE EXTREMA-DIREITA".

Essa dinâmica, ao fortalecer a polarização, também serve a um propósito maior de **controle social**. Em um ambiente onde as pessoas estão constantemente em conflito umas com as outras, é mais fácil manipular o cenário político e implementar políticas extremas, uma vez que a sociedade está dividida demais para se unir em torno de um objetivo comum. A **polarização** se torna, assim, um mecanismo não apenas de divisão, mas de controle, mantendo a população focada nos conflitos internos e discutindo costumes, enquanto questões estruturais mais profundas podem ser manipuladas ou negligenciadas.

Essa polarização foi objetivada e pensada. Ela não ocorreu de forma aleatória. De onde vem tudo isso? Os indícios se direcionam para os clubes formados por elites e líderes de fóruns globais, dos quais falaremos mais adiante.

A polarização nas redes sociais

As redes sociais intensificam a polarização ao gerar ambientes fechados e segregados, conhecidos como **bolhas de filtro** e **câmaras de eco**. Nessas bolhas, os usuários interagem quase exclusivamente com conteúdos que reforçam crenças e preconceitos já existentes.

Esse fenômeno é resultado dos algoritmos das plataformas digitais, como Facebook, Twitter e YouTube, que são projetados para priorizar o conteúdo que gera mais engajamento. E, na maioria dos casos, o conteúdo que mais engaja é justamente o sensacionalista, polarizador ou emocionalmente carregado.

Esses algoritmos identificam as preferências dos usuários por meio de seus cliques, curtidas e interações e, a partir disso, selecionam quais conteúdos eles verão em seu *feed*. Se um usuário tende a consumir mais conteúdo de uma determinada inclinação política, por exemplo, o algoritmo passa a recomendar cada vez mais postagens da mesma linha ideológica. Isso cria uma **ilusão de consenso**, em que as informações divergentes são filtradas ou minimizadas, e o indivíduo se vê rodeado apenas por opiniões que confirmam as suas próprias.

Esse efeito é um grande facilitador da **radicalização**. À medida que os usuários são expostos apenas a pontos de vista semelhantes, a distância entre diferentes grupos de pensamento aumenta. Os indivíduos dentro dessas bolhas desenvolvem uma visão cada vez mais polarizada do mundo, acreditando que aqueles que pensam diferente estão "errados", "enganados" ou, pior, são inimigos a serem combatidos. Esse ambiente virtual de conflito leva a uma troca de ideias que se torna cada vez mais agressiva e hostil, com discussões que rapidamente evoluem para ataques pessoais e desumanização do outro lado.

Um exemplo disso foi o impacto das redes sociais durante as **eleições presidenciais dos Estados Unidos em 2016**. Durante esse período, plataformas como Facebook e Twitter foram inundadas por conteúdos polarizadores e notícias falsas, muitas vezes promovidos pelos próprios algoritmos. Isso levou à criação de **bolhas ideológicas**, com eleitores de diferentes orientações políticas se isolando em mundos virtuais separados.

Um eleitor republicano, por exemplo, que interagia com conteúdo pró-Donald Trump, era bombardeado com mais e mais postagens que reforçavam a narrativa de que Hillary Clinton e o Partido Democrata eram corruptos ou perigosos. Do outro lado, eleitores democratas se viam cercados por conteúdos que pintavam os eleitores de Trump como racistas ou extremistas.

Essa segregação digital contribuiu diretamente para o aumento da polarização política no país. As redes sociais, que em teoria deveriam ser plataformas de troca de ideias e engajamento saudável, tornaram-se arenas de confronto. Em vez de promoverem o diálogo, elas ajudaram a cristalizar divisões, gerando um ambiente político em que o **debate racional** e a busca por consenso se tornaram quase impossíveis.

A polarização nas redes sociais também tem consequências no mundo real, onde a divisão virtual se traduz em aumento de tensões e, em alguns casos, violência. A polarização extrema pode levar ao enfraquecimento das instituições democráticas, à diminuição da confiança pública e ao aumento da instabilidade social.

CAPÍTULO 3

O PAPEL DA LINGUAGEM NO SEQUESTRO DA CONSCIÊNCIA

A linguagem é a principal ferramenta através da qual os seres humanos interpretam, compreendem e compartilham a realidade. Ela não é apenas um meio de comunicação; é um molde para o pensamento.

Como o linguista Benjamin Lee Whorf observou, "a língua molda a maneira como pensamos e determina aquilo sobre o que podemos pensar".

Quando a linguagem é manipulada, a capacidade de pensar de maneira independente e crítica também o é.

NEWSPEAK E LINGUAGEM CONTROLADA

A ideia de que a **linguagem** pode ser uma ferramenta para controlar o pensamento humano foi imortalizada por George Orwell em seu romance distópico *1984*.

Nesse universo opressor, o regime totalitário do "Partido" desenvolve uma nova língua chamada ***newspeak***, ou novalíngua, cujo principal objetivo é reduzir a capacidade das pessoas de pensar de forma crítica ou subversiva.

O *newspeak* é uma linguagem desenhada não apenas para simplificar a comunicação, mas para eliminar qualquer possibilidade de oposição. Ao remover palavras que possam ser usadas para expressar ideias como "liberdade", "justiça" ou "rebelião", o regime restringe a capacidade das pessoas de conceber ou articular pensamentos que poderiam desafiar o poder vigente. Assim, torna-se impossível pensar em liberdade ou questionar o governo, uma vez que não existem palavras para descrever esses conceitos.

Orwell utilizou o *newspeak* para ilustrar como o controle da linguagem pode ser uma forma de controle mental. Através da ficção, ele argumenta que, ao limitar a linguagem, você limita os próprios horizontes do pensamento humano. Afinal, como alguém pode desejar a liberdade se não tem as palavras para expressá-la? Se a verdade é moldada pela linguagem oficial do Partido, e essa linguagem redefine a "verdade" para corresponder apenas àquilo que é decretado pelo governo, a própria realidade se torna maleável.

O *newspeak* é um exemplo ficcional, mas serve como uma metáfora poderosa de como a linguagem pode ser manipulada para moldar a percepção coletiva e, portanto, definir os limites da realidade para as massas.

A MANIPULAÇÃO DA LINGUAGEM NA UNIÃO SOVIÉTICA

Embora o *newspeak* seja uma criação fictícia, o conceito de controle da linguagem para manipular o pensamento é bem real, e regimes autoritários ao longo da história aplicaram essa técnica com eficácia.

Na **União Soviética**, especialmente durante o período **stalinista**, a linguagem oficial do Partido Comunista foi moldada com o intuito de condicionar a consciência coletiva e assegurar o controle ideológico. Palavras e termos eram cuidadosamente escolhidos e carregavam significados poderosos, usados para marginalizar grupos e moldar a realidade.

Um exemplo claro foi a forma como o termo *kulak* foi utilizado. Originalmente, *kulak* era um termo para designar camponeses ricos, mas, sob o regime de Stálin, ele foi rapidamente transformado em uma palavra pejorativa, sinônimo de "inimigo do povo". Durante a **coletivização forçada**, qualquer camponês que resistisse à expropriação de suas terras era rotulado de *kulak*, o que automaticamente o colocava no lado errado da história, marcando-o para prisão, exílio ou execução.

O termo, simples em sua forma, carregava o peso de uma condenação social, desumanizando um segmento da população e justificando as atrocidades cometidas contra eles.

Outro aspecto da manipulação linguística na União Soviética foi o uso de **eufemismos** para ocultar realidades desagradáveis. Durante o **Holodomor**, a devastadora fome que assolou a Ucrânia entre 1932 e 1933, resultando na morte de milhões, o governo soviético utilizou a expressão "dificuldades temporárias de abastecimento" para descrever a tragédia. Essa escolha de palavras visava desviar a atenção da verdadeira gravidade da situação e minimizar o papel do governo na catástrofe. Ao suavizar a linguagem, o Partido criava uma cortina de fumaça sobre os fatos, moldando a percepção pública e evitando que os cidadãos entendessem a magnitude do que estava acontecendo.

A linguagem na União Soviética não servia apenas para marginalizar inimigos e esconder tragédias; ela também era usada para moldar a identidade do cidadão soviético ideal. Termos como **"cosmopolita"** ganharam conotações negativas, denotando aqueles que não se alinhavam à visão estritamente nacionalista do Partido. Enquanto isso, palavras como **"comunista"** eram enaltecidas, associadas a virtudes como lealdade, sacrifício e patriotismo, criando uma linguagem de binarismos simplificados: você era ou comunista (e, portanto, um herói) ou um inimigo do povo, um traidor.

O CONTROLE DA LINGUAGEM NA ERA CONTEMPORÂNEA

Se o controle da linguagem era um componente central para regimes autoritários, como no caso da União Soviética, ele continua a ser relevante hoje, embora de forma mais sutil. Na atualidade, governos, corporações e movimentos políticos ainda utilizam a manipulação linguística para moldar narrativas e controlar percepções. Termos são reconfigurados para atender a agendas específicas, e palavras como "liberdade", "justiça social", "democracia", "segurança" ou "inclusão" são moldadas de acordo com os interesses daqueles no poder.

O controle da linguagem continua a ser uma ferramenta fundamental para moldar realidades, restringir o pensamento e criar narrativas hegemônicas. Ao manipular as palavras que usamos para descrever o mundo, também se manipulam as formas como pensamos sobre ele.

A linguagem da Guerra ao Terror

Na era contemporânea, o uso da linguagem para moldar a percepção pública não se limita a regimes totalitários. Voltemos aos Estados Unidos, após os ataques de 11 de setembro de 2001, quando a administração Bush popularizou termos como "Guerra ao Terror", "Eixo do Mal" e "terroristas inimigos combatentes". Esses termos não apenas definiram a narrativa da resposta norte-americana aos ataques, mas também moldaram a percepção pública sobre quem era o inimigo e como ele deveria ser tratado.

O termo "Guerra ao Terror", por exemplo, é deliberadamente vago e permite uma ampla interpretação do que constitui "terror". Isso abriu caminho para a justificativa de ações como a invasão do Iraque, que foi vendida ao público como parte da luta contra o terror, apesar da falta de provas concretas que ligassem o Iraque aos ataques de 11 de setembro. Além disso, o rótulo de "combatente inimigo" foi usado para justificar a detenção indefinida de suspeitos de terrorismo em locais como Guantánamo sem o devido processo legal, o que seria inaceitável se os prisioneiros fossem chamados simplesmente de "prisioneiros de guerra" ou "suspeitos".

Esses exemplos mostram como o controle da linguagem pode criar uma realidade na qual ações extraordinárias se tornam aceitáveis. Quando palavras e frases são cuidadosamente escolhidas para evocar medo, patriotismo ou justiça, elas podem obscurecer a verdade e levar a sociedade a aceitar políticas que, de outra forma, seriam amplamente questionadas.

QUANDO A LINGUAGEM É MANIPULADA, A CAPACIDADE DE PENSAR DE MANEIRA INDEPENDENTE E CRÍTICA TAMBÉM O É.

NARRATIVAS E METANARRATIVAS

A construção de narrativas ideológicas

Narrativas são histórias que criamos para dar sentido à nossa própria existência no mundo. Elas organizam fatos, ideias e experiências em uma estrutura coerente que nos ajuda a entender quem somos e qual é o nosso papel na sociedade. Metanarrativas, por sua vez, são grandes narrativas que pretendem explicar e justificar uma sociedade, uma cultura ou um sistema de crenças.

Governos, movimentos sociais e instituições frequentemente utilizam metanarrativas para consolidar o poder e manter a ordem social. Essas narrativas são simplificações poderosas da realidade, capazes de unir as pessoas em torno de uma causa comum, mas também de suprimir questionamentos e dissidências.

> **NARRATIVAS SÃO HISTÓRIAS QUE CRIAMOS PARA DAR SENTIDO À NOSSA PRÓPRIA EXISTÊNCIA NO MUNDO.**

A metanarrativa do Destino Manifesto

Um exemplo histórico significativo de metanarrativa é o "Destino Manifesto", que foi utilizado para justificar a expansão territorial dos Estados Unidos no século 19. A ideia de que o país estava destinado a se expandir através do continente norte-americano, levando consigo a civilização, a democracia e o cristianismo, forneceu uma justificativa moral para a conquista e a subjugação dos povos indígenas e mexicanos.

Essa metanarrativa moldou a consciência de gerações de norte-americanos, apresentando a expansão territorial como uma missão divina e inevitável, ignorando as consequências devastadoras para os povos que habitavam essas terras. A linguagem do Destino Manifesto criou uma realidade em que a colonização era vista não como um ato de agressão, mas como uma missão redentora.

Metanarrativas na era digital

Na era digital, as **metanarrativas** ainda desempenham um papel crucial, mas com camadas de complexidade novas e poderosas. Redes sociais como Twitter, Facebook e YouTube permitem a rápida disseminação de narrativas simplificadas que, em muitos casos, polarizam a sociedade e ampliam divisões já existentes.

Voltemos ao exemplo do movimento *Make America Great Again*, cuja mensagem transcendeu o simples slogan de campanha de Donald Trump. Essa metanarrativa sugere que os Estados Unidos já foram uma nação grandiosa, mas que sua grandeza foi perdida, principalmente em razão de influências externas, imigração e políticas internas falhas, incluindo as relacionadas à globalização e à liberalização social.

Embora esse conceito seja atraente para muitos que sentem nostalgia de uma era passada, ele ignora as complexidades da história norte-americana, como o **racismo sistêmico** e as profundas **desigualdades econômicas** que sempre fizeram parte da estrutura social do país. A narrativa, em vez de promover um entendimento mais profundo dos desafios, simplifica as questões em uma dicotomia de "nós contra eles", apelando ao **nacionalismo** e ao **conservadorismo** como soluções fáceis para problemas complexos.

O sequestro da consciência

Por outro lado, o movimento **Black Lives Matter** constrói sua própria metanarrativa, centrada na ideia de que os afro-americanos, historicamente oprimidos, continuam a sofrer com o racismo estrutural em instituições como a polícia, o sistema de justiça e o mercado de trabalho. A narrativa desse movimento unifica seus seguidores em torno de um chamado à **justiça racial** e à **reforma social**, pedindo não apenas o fim da brutalidade policial, mas uma reformulação completa do sistema social e econômico para lidar com as desigualdades raciais.

No entanto, essa narrativa, conquanto poderosa e importante, também pode ser vista como polarizadora, pois desafia diretamente a percepção de muitos sobre justiça, segurança e meritocracia, criando uma divisão entre aqueles que veem as instituições como falhas e aqueles que acreditam que essas mesmas instituições devem ser preservadas e protegidas.

A seguir, veremos outros exemplos de expressões e termos que, muitas vezes, têm seu sentido original adulterado para servir a determinadas narrativas.

- *Fake news*: tudo o que não faz avançar uma agenda ideológica.
- Discurso de ódio: qualquer crítica a determinado poder ou grupo que está no poder.
- Ataque às instituições: crítica a qualquer órgão estatal aparelhado por determinado grupo.
- Democracia: falsa ideia de liberdade para um grupo opressor dominar as pessoas.

Essas metanarrativas, alimentadas pelas **redes sociais**, têm o poder de moldar a percepção pública em uma escala massiva, influenciando o comportamento e as decisões de milhões de pessoas. Elas simplificam questões complexas em histórias de **bem contra o mal**, de **oprimido contra opressor**, nas quais heróis e vilões são claramente definidos. Isso facilita a mobilização emocional e social, mas também cria barreiras significativas para o diálogo entre grupos com visões de mundo opostas.

Em vez de promover o entendimento mútuo, essas narrativas tendem a aprofundar o fosso entre diferentes setores da sociedade, tornando o debate construtivo uma raridade.

A reescrita da história: ferramenta de poder

A **reescrita da história** é uma das estratégias mais eficazes para formar a consciência coletiva e controlar o presente. Governos e instituições, ao controlarem a maneira como os eventos passados são lembrados ou interpretados, podem justificar suas ações no presente e legitimar suas ambições futuras. Assim, a história se torna um campo de batalha ideológico, onde diferentes grupos competem para impor suas narrativas e moldar a forma como a sociedade compreende os próprios valores e a própria identidade.

União Soviética: reescrevendo a revolução

Na **União Soviética**, a reescrita da história foi uma prática comum e meticulosa durante o regime de **Josef Stálin**. À medida que consolidava seu poder, Stálin ordenou que livros de história, enciclopédias e registros fossem revisados para refletir uma narrativa que o posicionasse como o principal arquiteto da Revolução Russa. Figuras que haviam sido cruciais na revolução, como **Leon Trótski**, foram sistematicamente apagadas das fotografias e dos textos históricos.

O caso de Trótski é emblemático. Ele, que fora um dos líderes mais influentes da Revolução de 1917 e do Exército Vermelho, foi declarado inimigo do Estado após um conflito com Stálin. A partir daí, suas contribuições foram não apenas minimizadas, mas deliberadamente removidas da narrativa oficial.

- *FAKE NEWS*: TUDO O QUE NÃO FAZ AVANÇAR UMA AGENDA IDEOLÓGICA.
- DISCURSO DE ÓDIO: QUALQUER CRÍTICA A DETERMINADO PODER OU GRUPO QUE ESTÁ NO PODER.
- ATAQUE ÀS INSTITUIÇÕES: CRÍTICA A QUALQUER ÓRGÃO ESTATAL APARELHADO POR DETERMINADO GRUPO.
- DEMOCRACIA: FALSA IDEIA DE LIBERDADE PARA UM GRUPO OPRESSOR DOMINAR AS PESSOAS.

O processo de **"apagamento"** de Trótski das fotografias e dos textos históricos foi parte de um esforço maior para reescrever a história da Revolução Russa, transformando Stálin no herói indiscutível do movimento comunista. Isso serviu para justificar sua ditadura e seu culto à personalidade, garantindo que futuras gerações o vissem como o líder supremo que guiou o país à grandeza, independentemente dos fatos históricos.

Turquia contemporânea: moldando o passado

Na **Turquia contemporânea**, sob o governo de **Recep Tayyip Erdoğan**, a reescrita da história também se tornou uma ferramenta crucial para reforçar o regime atual. Erdoğan tem promovido uma identidade nacional mais **islâmica** e menos secular, buscando distanciar a Turquia atual dos princípios estabelecidos por **Mustafa Kemal Atatürk**, o fundador secular da nação. O currículo escolar foi revisado para dar maior ênfase ao **Império Otomano** e seus feitos, ao mesmo tempo que minimiza os aspectos seculares da história turca.

Além disso, o governo de Erdoğan adotou uma postura defensiva em relação a eventos históricos controversos, como o **genocídio armênio de 1915**, no qual cerca de 1,5 milhão de armênios foram mortos pelas forças otomanas. O reconhecimento desse genocídio é amplamente negado na política turca, e a manipulação da narrativa histórica é usada para evitar que a nação enfrente essa parte traumática de seu passado.

Estados Unidos: revisões em disputa

Nos **Estados Unidos**, a reescrita da história também é uma prática que continua a ocorrer de maneiras sutis e explícitas. Durante grande parte do século 20, os livros didáticos minimizaram as brutalidades da escravidão e da **segregação racial**, apresentando uma narrativa otimista de progresso e redenção.

Nos estados do sul, especialmente, a **Guerra Civil** foi muitas vezes descrita como uma luta pela "liberdade dos estados", em vez de uma guerra travada para manter a escravidão.

Mais recentemente, o debate sobre como ensinar a história do racismo e da escravidão nas escolas norte-americanas tem se intensificado. O movimento contra a **Teoria Crítica da Raça**, por exemplo, argumenta que ensinar sobre o racismo sistêmico promove uma visão divisiva e negativa da história americana. Por outro lado, os defensores da teoria argumentam que é essencial abordar as raízes da desigualdade racial para que o país possa realmente avançar em direção à justiça social.

Esses exemplos, sejam da União Soviética, da Turquia ou dos Estados Unidos, ilustram como a história é constantemente reescrita e manipulada para servir a interesses políticos e ideológicos. A história, portanto, não é apenas uma narração de eventos passados, mas um **campo de batalha** onde as versões do passado são disputadas, com o objetivo de moldar o presente e definir o futuro.

Brasil: a história sendo reescrita

Quando Luís Inácio Lula da Silva foi condenado em todas as instâncias por diversos juízes em várias ações e esquemas de corrupção amplamente expostos, iniciou-se um movimento no Supremo Tribunal Federal para encontrar uma forma de tirá-lo da prisão e devolver seus direitos políticos. Em certa entrevista, Lula disse ao repórter: "Precisamos reescrever essa história".

Após alguns anos, Lula, retirado da prisão sem ter sido inocentado, foi eleito, sob muitas controvérsias, novamente presidente do Brasil, dando início a um processo sistemático de autovitimização e culpabilização de seus acusadores. Com ajuda de diversos atores sociais, da mídia e da política, a história começou a ser recontada, levando parte da sociedade a entender o passado de Lula e de seu partido, o Partido dos Trabalhadores, da maneira como ele desejava que fosse entendido.

A HISTÓRIA SE TORNA UM CAMPO DE BATALHA IDEOLÓGICO, ONDE DIFERENTES GRUPOS COMPETEM PARA IMPOR SUAS NARRATIVAS E MOLDAR A FORMA COMO A SOCIEDADE COMPREENDE OS PRÓPRIOS VALORES E A PRÓPRIA IDENTIDADE.

CAPÍTULO 4

A CONFORMIDADE SOCIAL E O MEDO DA EXCLUSÃO

A conformidade social é uma força poderosa que molda o comportamento humano. Desde a infância, aprendemos a nos ajustar às expectativas do grupo, seja para evitar o isolamento ou para ganhar aceitação e aprovação. No entanto, essa necessidade inata de pertencimento pode ser explorada para manipular a consciência e coagir indivíduos a aceitar ideias e comportamentos que, em outros contextos, pudessem ir de encontro a seus princípios ou interesses.

O PODER DO GRUPO

O Experimento da Prisão de Stanford e a conformidade social

Um exemplo notável de conformidade social pode ser encontrado no Experimento da Prisão de Stanford, conduzido pelo psicólogo Philip Zimbardo em 1971. Esse estudo lançou luz sobre como a conformidade com os papéis sociais e o ambiente podem moldar o comportamento humano, às vezes com consequências extremas.

No experimento, Zimbardo e sua equipe simularam uma prisão em um porão da Universidade de Stanford e dividiram os voluntários em dois grupos: "guardas" e "prisioneiros". Os participantes foram escolhidos aleatoriamente para esses papéis. Os "guardas" receberam uniformes, cassetetes e óculos escuros, enquanto os "prisioneiros" foram vestidos com uniformes simples e identificados apenas por números. Os primeiros tinham a tarefa de manter a ordem; já os segundos deveriam cumprir as regras estabelecidas.

Embora tivesse sido programado para durar duas semanas, o experimento foi interrompido após apenas seis dias, devido à intensidade das dinâmicas de poder e de conformidade que emergiram. Os "guardas" rapidamente começaram a abusar do próprio poder, impondo punições cruéis e humilhantes aos "prisioneiros" — que começaram a sofrer de estresse emocional, demonstrando sinais de submissão e aceitação do abuso. Os "guardas", por outro lado, se conformaram rapidamente ao papel autoritário que lhes foi dado, mesmo sem terem recebido nenhuma instrução explícita para serem violentos ou abusivos.

Esse experimento mostrou como a conformidade não ocorre apenas em resposta a normas sociais explícitas, mas também pode ser induzida por papéis sociais e pela expectativa de comportamentos associados a esses papéis. O ambiente controlado e as dinâmicas de poder rapidamente transformaram pessoas comuns em figuras opressoras ou submissas, dependendo de seu papel no experimento.

O Experimento da Prisão de Stanford destaca a conformidade social em um contexto extremo, em que indivíduos abandonam seu senso de moralidade e compaixão para se ajustarem às expectativas e ao ambiente, revelando como as estruturas sociais podem, de maneira surpreendente, moldar o comportamento humano.

Quando um grupo sustenta uma opinião ou exibe determinado comportamento, a pressão para se alinhar a esse grupo pode ser avassaladora, levando indivíduos a se conformarem à maioria, mesmo que a opinião prevalecente esteja evidentemente errada.

Conformidade social em regimes totalitários

A conformidade social desempenha um papel crucial na manutenção de regimes autoritários e totalitários. Governos que exercem controle sobre a população frequentemente utilizam a pressão social para garantir que as pessoas se alinhem com a ideologia oficial. Em tais regimes, a conformidade não é apenas encorajada, mas exigida, e a dissidência é severamente punida.

Um exemplo histórico marcante é o comportamento dos cidadãos na Alemanha nazista. Sob o regime de Adolf Hitler, a pressão para que as pessoas se conformassem às normas do Partido Nazista era imensa. A propaganda estatal, o controle da mídia e a organização de eventos públicos criavam um ambiente onde qualquer expressão de oposição era vista como traição. As associações sociais, como a Juventude Hitlerista e a Liga das Moças Alemãs, reforçavam essa conformidade desde a juventude, promovendo a ideologia nazista e criando uma cultura em que a lealdade ao Führer era o principal valor.

A conformidade social na Alemanha nazista foi reforçada por um sistema de vigilância e denúncia. O medo de serem denunciados por vizinhos, colegas de trabalho ou até membros da própria família levou muitos a suprimirem pensamentos ou comportamentos que pudessem ser interpretados como antinazistas. A conformidade não era apenas uma questão de escolha pessoal; era uma questão de sobrevivência.

O AMBIENTE CONTROLADO E AS DINÂMICAS DE PODER RAPIDAMENTE TRANSFORMARAM PESSOAS COMUNS EM FIGURAS OPRESSORAS OU SUBMISSAS, DEPENDENDO DE SEU PAPEL NO EXPERIMENTO.

Conformidade e culturas de obediência

Além dos regimes totalitários, a conformidade social é uma característica marcante em várias culturas de obediência. No Japão, por exemplo, a conformidade é profundamente enraizada na cultura, em que o conceito de *wa* ("harmonia social") tem altíssimo valor. A pressão para manter a harmonia social pode levar à conformidade, mesmo quando isso significa suprimir opiniões ou sentimentos pessoais.

Um exemplo disso pode ser visto na resposta do Japão ao desastre nuclear de Fukushima, em 2011. Após o desastre, houve relatos de que muitos trabalhadores e cidadãos afetados evitaram criticar o governo ou as empresas envolvidas, apesar da evidente negligência na gestão da crise. A cultura de conformidade e o medo de perturbar a harmonia social fizeram com que muitos evitassem questionar as autoridades, mesmo quando havia razões legítimas para fazê-lo.

Essa conformidade cultural, enquanto promove a coesão social, também pode criar um ambiente em que a dissidência é desencorajada e o pensamento crítico é suprimido. Em casos extremos, pode levar à aceitação de políticas ou práticas prejudiciais, sem abrir espaço para questionamento.

ISOLAMENTO E PERSEGUIÇÃO DOS DISSIDENTES

O medo de isolamento é uma das ferramentas mais eficazes para forçar a conformidade. Na União Soviética, sob o regime de Josef Stálin, o ostracismo social e a perseguição dos dissidentes eram métodos comuns para silenciar a oposição e garantir a lealdade ao Partido Comunista.

Durante os expurgos de Stálin na década de 1930, qualquer pessoa suspeita de não ser suficientemente leal ao partido ou de ter opiniões "desviantes" era rotulada de "inimigo do povo". Ser rotulado dessa forma significava isolamento imediato, seguido frequentemente de prisão, tortura ou execução. O medo de ser denunciado como dissidente levou muitas pessoas a se conformarem publicamente com as diretrizes do partido, mesmo que em privado tivessem dúvidas ou discordassem das políticas de Stálin.

O ostracismo social foi um instrumento de controle extremamente eficaz. As pessoas sabiam que qualquer associação com um dissidente poderia levar à própria incriminação, o que resultou em uma cultura de desconfiança, na qual até amigos e familiares se afastavam daqueles que caíam em desgraça. Esse receio do isolamento forçou muitos a alinharem-se com o regime, mesmo quando sabiam que as políticas eram injustas ou erradas.

O macarthismo e a perseguição dos suspeitos de comunismo

Nos Estados Unidos, durante o período do macarthismo na década de 1950, o medo do isolamento social e profissional foi utilizado como ferramenta para forçar a conformidade com a ideologia anticomunista. Sob a liderança do senador Joseph McCarthy, o governo americano iniciou uma campanha de perseguição contra supostos comunistas, criando "listas negras" e destruindo carreiras.

Os indivíduos que eram acusados de "simpatia pelo comunismo" eram com frequência submetidos a investigações públicas humilhantes e isolados social e profissionalmente. Muitos perderam o emprego, foram banidos da profissão e enfrentaram ostracismo social, mesmo quando as acusações contra eles eram infundadas ou baseadas em associações passadas.

O medo de ser identificado como comunista ou simpatizante do comunismo levou muitos a evitarem expressar opiniões políticas, a se dissociarem de amigos ou colegas que estavam sob suspeita e a alinharem-se com a retórica dominante da época. O macarthismo criou uma cultura de medo e conformidade, em que a dissidência era tratada como uma ameaça à segurança nacional.

A perseguição a dissidentes em regimes contemporâneos

A perseguição a dissidentes não é uma relíquia do passado; ela continua a ser uma prática comum em regimes autoritários contemporâneos. Na China, por exemplo, o governo do Partido Comunista tem uma longa história de perseguição a dissidentes, ativistas de direitos humanos e minorias religiosas, como os praticantes do Falun Gong e os muçulmanos uigures.

O caso de Liu Xiaobo, um proeminente escritor e ativista chinês que ganhou o Prêmio Nobel da Paz em 2010, é emblemático da perseguição a dissidentes na China. Liu foi condenado a onze anos de prisão por "incitar a subversão do poder do Estado" após coautorizar a Carta 08, um manifesto que pedia reformas políticas e a proteção dos direitos humanos na China. Durante seu tempo na prisão, Liu foi mantido em isolamento e privado de acesso a familiares e amigos, até morrer de câncer, sob custódia, em 2017.

A perseguição a dissidentes na China é reforçada por um sistema de vigilância em massa e por um controle rigoroso da informação. Os cidadãos são encorajados a denunciar qualquer atividade "subversiva", e aqueles que se associam a dissidentes correm o risco de ser punidos ou isolados. Esse ambiente de medo e vigilância constante força muitos a se conformarem à linha oficial do partido, suprimindo qualquer forma de dissidência.

CULTURA DE CONFORMIDADE E OBEDIÊNCIA NA EDUCAÇÃO

O sistema de educação e a conformidade

A educação é uma das principais áreas em que a conformidade social é ensinada e reforçada. Desde cedo, as crianças são ensinadas a seguirem regras, obedecerem a autoridades e alinharem-se com as normas sociais. Embora esses aspectos possam ser necessários para a coesão social, eles também podem ser explorados para inibir o pensamento crítico e a individualidade.

No sistema de educação da Alemanha nazista, as escolas foram usadas como ferramentas para doutrinar os jovens na ideologia. O currículo foi reformulado para enfatizar a superioridade da raça ariana, a importância da lealdade ao Führer e a necessidade de expansão territorial. Os professores, que eram obrigados a serem membros do Partido Nazista, desempenharam um papel crucial na inculcação desses valores nos alunos, incentivando a conformidade à ideologia nazista e a rejeição de qualquer forma de pensamento independente ou dissidência.

Conformidade na educação contemporânea

Embora os exemplos históricos de conformidade forçada no contexto educacional sejam frequentemente extremos, as escolas atuais também podem, de forma não intencional, encorajar a conformidade em detrimento do pensamento crítico. Em muitos sistemas educacionais, há uma ênfase desproporcional na memorização e na reprodução de informações, enquanto a análise crítica e o debate aberto são relegados a segundo plano. Esse foco pode resultar em alunos que aceitam passivamente o que lhes é ensinado, sem questionar a validade ou as implicações das informações recebidas.

De maneira semelhante, alguns sistemas educacionais na **Ásia**, como os do Japão e da Coreia do Sul, têm sido alvo de críticas por sua ênfase na conformidade e na obediência, frequentemente à custa da criatividade e do pensamento inovador. No Japão, por exemplo, a pressão para que os estudantes se conformem às expectativas educacionais e sociais é intensa, manifestando-se em longas horas de estudo e em uma estrutura que oferece pouca oportunidade para a exploração de interesses pessoais ou para o desenvolvimento de habilidades de pensamento crítico.

No Brasil, observa-se a hegemonia do pensamento marxista nas escolas e universidades públicas, formando mais jovens defensores de ideologias do que profissionais de alta maestria.

Esses exemplos demonstram como os sistemas educacionais, que deveriam ser espaços para a promoção da autonomia intelectual e do pensamento crítico, podem, às vezes, acabar reforçando a conformidade social e suprimindo a dissidência.

AS CONSEQUÊNCIAS DA CONFORMIDADE E DO MEDO DE EXCLUSÃO

A desumanização e a violência

A conformidade social e o medo de exclusão podem levar à desumanização e à violência contra aqueles que são vistos como diferentes ou dissidentes. Quando as pessoas são forçadas a se conformar a normas que desumanizam certos grupos, elas podem ser levadas a aceitar, justificar ou até participar de atos de violência.

O Holocausto é um exemplo trágico de como a conformidade social pode levar à desumanização e à violência em massa. Na Alemanha nazista, a pressão para conformar-se à ideologia antissemita do regime levou muitos a participarem ou a fecharem os olhos para o genocídio de 6 milhões de judeus. A propaganda nazista desumanizava os judeus, retratando-os como vermes, parasitas ou inimigos mortais da nação alemã, o que facilitou a aceitação das políticas de extermínio.

De maneira semelhante, durante o genocídio de Ruanda em 1994, a conformidade social e a pressão para alinhar-se à ideologia extremista hutu levaram à participação em massa no assassinato de cerca de 800 mil tútsis e hutus moderados. A rádio extremista hutu, Radio Télévision Libre des Mille Collines, desempenhou um papel central ao incitar o ódio e ao promover a conformidade à narrativa genocida, desumanizando os tútsis e retratando-os como inimigos que precisavam ser eliminados.

A CONFORMIDADE SOCIAL E O MEDO DE EXCLUSÃO PODEM LEVAR À DESUMANIZAÇÃO E À VIOLÊNCIA CONTRA AQUELES QUE SÃO VISTOS COMO DIFERENTES OU DISSIDENTES.

A supressão da inovação e do pensamento crítico

A conformidade social não apenas leva à desumanização, mas também pode suprimir a inovação e o pensamento crítico, essenciais para o progresso social e científico. Em ambientes onde a conformidade é exigida, as ideias novas e desafiadoras são frequentemente rejeitadas, e aqueles que as defendem são marginalizados ou silenciados.

Durante a Inquisição espanhola, por exemplo, o medo de ser acusado de heresia levou muitos intelectuais a censurarem as próprias ideias e a se conformarem à ortodoxia religiosa dominante. A ciência e a filosofia foram profundamente impactadas por essa atmosfera de conformidade e repressão, com muitos pensadores brilhantes sendo forçados ao silêncio ou à clandestinidade.

Em um contexto mais atual, as corporações que promovem a conformidade cultural entre seus funcionários podem sufocar a inovação. Um exemplo é a falência da Kodak, em 2012, que, apesar de ter sido pioneira na invenção da câmera digital, foi incapaz de abraçar a inovação devido à sua cultura corporativa rígida e à conformidade ao modelo de negócio tradicional. A falta de incentivo para questionar o *status quo* e explorar novas ideias contribuiu para a queda de uma empresa que, por décadas, foi líder em seu setor.

Meios de controle social pela supressão e implantação do medo

Quando dispõem de um controle que se estende por todo o sistema de poderes, grupos políticos se mantêm no governo por meio de uma rede de interesses, chantagens e benefícios em que, quando um cai, caem todos. Esse preceito dificulta a queda de um grupo e, para que ele se mantenha no poder, precisa obter controle social absoluto.

Vamos explorar de que maneiras é possível obter o controle social gerando medo na população:

- Reescrever as leis e a constituição, tornando o Estado o sistema definidor e centralizador de poder, capaz de qualquer ação para regular a sociedade.
- Aumentar o máximo possível os impostos, a fim de fazer as pessoas dependerem de benefícios do Estado.
- Concentrar toda a arrecadação de impostos no governo maior, forçando os estados e municípios a suplicarem por apoio e auxílio financeiro para suas regiões.
- Cadastrar todas as pessoas em sistemas sociais que mapeiem rosto, digital, número de identidade, contas e outras informações pessoais.
- Controlar o sistema financeiro e ter acesso a todos os dados e movimentações financeiras de qualquer pessoa.
- Criar sistemas de punição ou crédito social que "sufoquem" os críticos ao sistema, como, por exemplo, bloquear contas financeiras e impedir que cartões de crédito funcionem, forçando o indivíduo a se comportar como o Estado quer.

- Elaborar leis difíceis de serem cumpridas, colocando as pessoas à margem da legalidade e conquistando sua fragilidade pelo medo.
- Usar cidadãos amigos do Estado como denunciadores de cidadãos que criticam o Estado.
- Acusar, prender e sentenciar qualquer pessoa que seja crítica ao sistema.
- Comprar e financiar as mídias para servirem de veículo de terror contra críticas ao governo.
- Usar grupos armados ocultos e vinculados ao Estado para perseguir e assassinar lideranças muito fortes ou que representem risco ao sistema.

CAPÍTULO 5

A CENTRALIZAÇÃO DO PODER E O CONTROLE DO PENSAMENTO

A centralização do poder é uma das principais estratégias utilizadas para controlar a sociedade e moldar a consciência coletiva. Quando o poder é concentrado em poucas mãos, as ferramentas para condicionar, direcionar e controlar o pensamento se tornam mais acessíveis e eficazes. Vamos revelar as técnicas subjacentes à centralização do poder e ao controle do pensamento, explorando como governos, corporações e outras entidades utilizam essas estratégias para influenciar as massas, suprimir a dissidência e garantir a obediência. Para isso, examinaremos a manipulação das emoções, a criação de crises artificiais, a repressão sistemática da informação e a engenharia do consentimento.

MANIPULAÇÃO DAS EMOÇÕES

O uso do medo

O medo é uma das emoções mais poderosas e manipuláveis.

Governos e regimes autoritários frequentemente exploram o medo para centralizar o poder e justificar medidas draconianas.

A manipulação do medo não envolve somente criar ameaças reais ou percebidas, mas também amplificar essas ameaças para fazer com que a população aceite restrições à própria liberdade.

Um exemplo histórico claro dessa técnica é a ascensão de Adolf Hitler na Alemanha. Após o incêndio do Palácio do Reichstag em 1933, que muitos historiadores acreditam ter sido um ato deliberado para incitar o medo, Hitler utilizou o incidente para convencer o parlamento a aprovar o **Decreto do Incêndio do Reichstag**, que suspendeu os direitos civis e permitiu a detenção de opositores políticos sem julgamento. O medo do comunismo e do caos foi manipulado para justificar a centralização do poder nas mãos de Hitler, pavimentando o caminho para o regime nazista.

No contexto moderno, o medo do terrorismo tem sido amplamente utilizado por governos para justificar a expansão do poder executivo, a vigilância em massa e a erosão das liberdades civis.

Após os ataques de 11 de setembro de 2001, a administração Bush introduziu o **USA PATRIOT Act**, uma lei que ampliou significativamente os poderes do governo para monitorar e deter suspeitos de terrorismo. Embora muitas das medidas fossem apresentadas como temporárias, elas foram mantidas e até expandidas em administrações subsequentes. O medo de novos ataques terroristas foi eficazmente utilizado para centralizar o poder e reduzir as proteções à privacidade e à liberdade.

O uso do medo pela China

O governo chinês, ao longo de décadas, construiu um sofisticado sistema de controle social e da mentalidade coletiva, destinado a moldar o comportamento e o pensamento de seus cidadãos em conformidade com as diretrizes do Partido Comunista Chinês (PCC). Esse sistema não é sustentado apenas pela força bruta, mas por um intrincado conjunto de ferramentas que vão desde tecnologias avançadas de vigilância até uma propaganda imersiva, criando uma estrutura em que o controle é sutil, mas profundo.

Vigilância total e autocontrole

A China se destaca no uso de tecnologias de vigilância de ponta para monitorar sua população. Em um país onde milhões de câmeras com reconhecimento facial observam cada esquina, o governo tem uma capacidade sem precedentes de observar o comportamento de seus cidadãos em tempo real. Esse sistema cria uma espécie de "panóptico digital" — uma situação em que as pessoas sabem que estão sendo observadas e, por isso, ajustam seu comportamento automaticamente. O **Sistema de Crédito Social**, introduzido para monitorar a conduta dos cidadãos, vai além da mera observação; ele mede e classifica cada indivíduo com base em sua adesão às normas do governo, concedendo recompensas ou punições de acordo com essa pontuação.

A consequência imediata desse sistema é a transformação do comportamento humano. As pessoas não precisam ser forçadas a obedecer; elas se ajustam ao que é esperado porque sabem que suas ações estão sendo registradas. Isso cria uma sociedade em que a autocensura se torna regra, e o controle estatal se dá através de uma vigilância invisível, que é tanto tecnológica quanto psicológica.

Informação sob controle

O Estado chinês controla rigorosamente o fluxo de informações, especialmente no ambiente digital. Com a criação de uma intranet nacional protegida pela chamada "Grande Firewall", o governo impôs limites claros ao que pode ser acessado, visto e discutido na China. Plataformas como Facebook, Google e Twitter estão bloqueadas, mas foram substituídas por versões controladas pelo Estado, como WeChat e Weibo. As redes sociais chinesas são vigiadas, e as mensagens são filtradas para garantir que qualquer discurso crítico seja eliminado antes de ganhar força.

Essa estratégia permite que o Partido Comunista determine a narrativa dominante. As pessoas são bombardeadas com uma versão da realidade que favorece o regime e exclui vozes divergentes. Para muitos chineses, a ideia de um debate aberto e livre se tornou algo distante e, para as gerações mais jovens, uma realidade desconhecida. A censura permeia tudo, desde a mídia tradicional até as conversas cotidianas nas redes sociais.

GOVERNOS E REGIMES AUTORITÁRIOS FREQUENTEMENTE EXPLORAM O MEDO PARA CENTRALIZAR O PODER E JUSTIFICAR MEDIDAS DRACONIANAS.

Louis Burlamaqui

AS REDES SOCIAIS CHINESAS SÃO VIGIADAS, E AS MENSAGENS SÃO FILTRADAS PARA GARANTIR QUE QUALQUER DISCURSO CRÍTICO SEJA ELIMINADO ANTES DE GANHAR FORÇA.

Educação e doutrinação

Desde a infância, os cidadãos chineses são inseridos em um sistema educacional que enfatiza os méritos do socialismo e do Partido Comunista. A história é cuidadosamente narrada de forma a glorificar o PCC e demonizar quaisquer elementos que possam enfraquecer sua posição. O **Massacre da Praça da Paz Celestial**, por exemplo, foi praticamente apagado dos livros de história, e as discussões sobre democracia são vistas como subversivas.

O sistema de ensino chinês não prepara as crianças apenas para serem cidadãos produtivos, mas também para serem leais. A doutrinação é uma ferramenta sutil que aos poucos molda a maneira como as pessoas entendem o mundo. O patriotismo e a obediência ao Partido são enraizados desde cedo, formando cidadãos que, ao atingirem a idade adulta, já estão condicionados a acreditar que o governo centralizado é essencial para a estabilidade e prosperidade.

O peso da conformidade social

Outro elemento crucial desse controle é a pressão social. O Sistema de Crédito Social e a vigilância nas comunidades criam um ambiente onde a conformidade é a chave para se manter em boa posição. Aqueles que se desviam do comportamento esperado enfrentam exclusão social e dificuldades, como restrições de viagem ou limitações econômicas. Na prática, isso significa que o comportamento pessoal se torna uma questão pública, e a vigilância não é praticada apenas pelo governo, mas também pelos próprios cidadãos, que denunciam vizinhos ou conhecidos "desviantes" das normas.

Essa pressão constante para se ajustar às expectativas sociais do regime enfraquece qualquer potencial de oposição organizada. As pessoas se veem compelidas a seguir as normas para não prejudicar a própria vida e a de seus familiares, criando uma sociedade de autocontrole em que a liberdade individual é sacrificada em nome da conformidade.

Controle de minorias e dissidência

Em regiões como Xinjiang, onde há grande presença de minorias étnicas, o controle é ainda mais rígido. O governo chinês intensificou suas políticas de repressão contra os uigures muçulmanos, utilizando "campos de reeducação" para desmantelar suas tradições e religiões. Nesses campos, as pessoas são forçadas a adotar a cultura dominante e a se submeter ao pensamento do Partido, apagando suas identidades em nome da uniformidade nacional.

Hong Kong é outro exemplo recente de como a China lida com a dissidência. A implementação da **Lei de Segurança Nacional** foi uma maneira de sufocar qualquer movimento pró-democracia e limitar a autonomia da região, reafirmando o poder central do governo chinês.

O efeito do medo e da autocensura

O medo de repercussões severas faz com que muitos cidadãos chineses internalizem as expectativas do governo, criando uma autocensura profunda. Esse medo não precisa ser imposto explicitamente; ele é um efeito colateral do sistema, uma vez que os cidadãos sabem que podem enfrentar graves consequências por qualquer desvio de conduta. Mesmo sem prisões em massa visíveis, a presença de punições severas faz com que as pessoas moldem seus pensamentos e ações para se adequarem ao que é esperado.

CRIAÇÃO DE CRISES ARTIFICIAIS

Outra técnica frequentemente empregada para centralizar o poder é a criação de crises artificiais ou a amplificação de crises reais. Uma crise, seja ela política, econômica ou social, pode servir como um pretexto para a introdução de medidas excepcionais que, em tempos normais, seriam amplamente rejeitadas pela população.

A "Operação Gladio" na Europa durante a Guerra Fria é um exemplo de como crises artificiais ou encenadas foram utilizadas para moldar o pensamento público e centralizar o poder. Essa operação, organizada pela OTAN, envolveu a criação de células paramilitares secretas em diversos países europeus, supostamente para resistir a uma possível invasão soviética. No entanto, em alguns casos essas células participaram de ataques terroristas falsos, que foram então atribuídos a grupos de esquerda. Esses ataques alimentaram o medo do comunismo e foram utilizados para justificar a repressão de movimentos de esquerda e a consolidação do poder em governos conservadores.

No mundo corporativo, crises artificiais podem ser criadas ou manipuladas para justificar fusões, aquisições ou reestruturações que concentram o poder nas mãos de poucos. Um exemplo recente foi a crise financeira de 2008, quando algumas das maiores instituições financeiras dos Estados Unidos foram consideradas "grandes demais para falir". O governo interveio para resgatar essas instituições, o que, em última análise, consolidou ainda mais o poder econômico nas mãos de poucos bancos gigantes, enquanto quem arcou com as consequências da crise foi a população em geral.

Hugo Chávez, quando assumiu a Venezuela, em 1999, trouxe um "inimigo" para o povo por meio de crises provocadas e desabastecimentos. Essa tática perdura até hoje na ditadura implementada pelo grupo de Nicolás Maduro, que também lança mão de supostas crises para manter o apoio popular e justificar enfrentamentos políticos.

REPRESSÃO SISTEMÁTICA DA INFORMAÇÃO

Controle da mídia

O controle da mídia é uma técnica fundamental para a centralizção do poder e o domínio do pensamento coletivo. Quando um governo ou uma entidade controla as principais fontes de informação, ele pode moldar a narrativa pública, suprimir dissidências e promover suas agendas sem oposição significativa.

Durante o regime de Benito Mussolini, na Itália, entre 1922 e 1943, o governo fascista tomou o controle da imprensa, do rádio e, mais tarde, da nascente indústria cinematográfica. A imprensa independente foi silenciada ou absorvida pelo Estado, e a mídia passou a ser utilizada para glorificar o regime e demonizar seus inimigos. A censura e a propaganda se tornaram ferramentas poderosas para manter o controle sobre a população italiana, garantindo que a narrativa oficial permanecesse incontestada.

Na Rússia contemporânea, sob a liderança de Vladimir Putin, o controle da mídia é uma parte central da estratégia de poder do Kremlin. Desde sua ascensão ao poder no final dos anos 1990, Putin consolidou o controle sobre a maioria dos meios de comunicação russos. As principais estações de televisão, que são a fonte primária de notícias para a maioria dos russos, são controladas ou fortemente influenciadas pelo governo. Essa centralização da mídia permite que o governo molde a percepção pública, suprimindo informações negativas e promovendo uma imagem positiva do regime.

Um fator-chave para o controle da mídia é destinar recursos do governo para a manutenção de patrocínios de programas das redes, além de corromper ou chantagear jornalistas, forçando-os a serem generosos com o governo e implacáveis com a oposição.

Censura e manipulação de plataformas digitais

Com o advento da internet e das redes sociais, o controle da informação se tornou mais complexo, mas não menos importante para aqueles que buscam centralizar o poder. Governos e corporações utilizam a censura digital e a manipulação de algoritmos para controlar o que as pessoas veem e, consequentemente, o que pensam.

Governos totalitários têm pavor da ideia de "internet livre" e trabalham incessantemente para inculcar na mente das pessoas a necessidade de regulação das redes sociais, sob a justificativa de proteger a população das *fake news*. Entretanto, alguns acreditam que o objetivo não seja esse, e sim estabelecer um sistema de censura, ou um "grande olho" que fiscalize tudo e todos, impedindo qualquer tipo de levante social contrário às políticas do governo.

Na China, o **Grande Firewall** é o exemplo mais notório de censura digital em escala nacional. O governo chinês bloqueia o acesso a sites estrangeiros, monitora atividades on-line e remove qualquer conteúdo considerado subversivo. Redes sociais como Weibo e plataformas de mensagens como WeChat são acompanhadas de perto, e palavras-chave que criticam o governo são censuradas. Essa repressão sistemática da informação garante que a narrativa oficial do Partido Comunista permaneça dominante e que qualquer forma de dissidência seja rapidamente sufocada.

Nos Estados Unidos, a manipulação de algoritmos por gigantes da tecnologia, como Facebook e Google, levanta preocupações sobre o controle da informação em um contexto diferente. Embora essas empresas não estejam diretamente controladas pelo governo, seu poder de moldar o que as pessoas veem e consomem on-line lhes confere uma influência significativa sobre o pensamento público. Os algoritmos que priorizam conteúdo sensacionalista ou polarizador podem distorcer a percepção da realidade e reforçar divisões sociais, enquanto as práticas de censura ou moderação de conteúdo, como a desmonetização ou a desindexação de certos conteúdos, podem suprimir vozes independentes ou dissidentes.

GOVERNOS TOTALITÁRIOS TÊM PAVOR DA IDEIA DE "INTERNET LIVRE".

Engenharia do consentimento

A **engenharia do consentimento** é um termo cunhado pelo norte-americano Edward Bernays, considerado o pai das relações públicas. Bernays, sobrinho do psicanalista alemão Sigmund Freud, aplicou princípios da psicologia e da propaganda para manipular a opinião pública de maneira sutil, mas eficaz. Sua ideia central era que a opinião pública podia ser moldada de tal forma que as pessoas acreditassem estar tomando decisões livres e racionais, quando, na verdade, estavam sendo conduzidas a determinadas conclusões por aqueles que controlavam as informações e as mensagens que consumiam.

Um exemplo famoso do trabalho de Bernays é a campanha *Torches of Freedom* ("Tochas da Liberdade"), promovida na década de 1920 para incentivar as mulheres a fumarem em público, algo que era considerado tabu na época. Trabalhando para a indústria do tabaco, Bernays organizou um evento em que mulheres fumavam cigarros durante um desfile de Páscoa em Nova York, promovendo o ato como um símbolo de emancipação e igualdade de gênero. A campanha foi um sucesso, e as vendas de cigarros para mulheres aumentaram significativamente. O que parecia ser um movimento de liberação feminina foi, na verdade, uma estratégia de marketing engenhosa.

A engenharia do consentimento nas democracias

Nos sistemas democráticos contemporâneos, a engenharia do consentimento é frequentemente utilizada para legitimar políticas impopulares ou controversas. Isso é feito através da manipulação de narrativas, da criação de falsos consensos e do uso de dados e pesquisas para apoiar as decisões do governo ou de corporações.

Um exemplo disso é a manipulação do consentimento público, nos Estados Unidos, para a invasão do Iraque, em 2003. A administração Bush utilizou uma campanha coordenada de desinformação, apoiada por veículos de mídia e *think tanks*, para convencer o público de que o Iraque possuía armas de destruição em massa e estava ligado ao terrorismo internacional. Embora essas alegações tenham sido amplamente desmentidas depois, a campanha foi bem-sucedida em criar um consenso público e político em favor da guerra, mesmo em face de evidências questionáveis.

Nos setores corporativos, a engenharia do consentimento pode ser vista nas campanhas de *lobby* e nas relações públicas que moldam a percepção pública sobre questões como mudanças climáticas, segurança alimentar e saúde pública. Corporações como a ExxonMobil têm sido acusadas de financiar pesquisas duvidosas e campanhas de desinformação para espalhar entre a população dúvidas sobre o consenso científico em torno das mudanças climáticas, influenciando políticas e regulamentos de maneira a proteger os próprios interesses comerciais.

O MEDO DO TERRORISMO TEM SIDO AMPLAMENTE UTILIZADO POR GOVERNOS PARA JUSTIFICAR A EXPANSÃO DO PODER EXECUTIVO, A VIGILÂNCIA EM MASSA E A EROSÃO DAS LIBERDADES CIVIS.

Centralização do poder na era digital

Big data *e o controle das massas*

Na era contemporânea, o poder centralizado encontra novas formas de expressão por meio da manipulação de grandes volumes de dados e do uso extensivo de tecnologias de monitoramento. A coleta, o processamento e a análise de informações em massa tornaram-se ferramentas eficazes para governos e corporações, permitindo-lhes não apenas prever, mas também influenciar o comportamento humano em uma escala inimaginável até então.

Voltemos ao Sistema de Crédito Social da China. Através de uma vasta rede de dados extraídos de diversas fontes, como transações *on-line*, interações em plataformas digitais e atividades diárias, é atribuída uma pontuação a cada cidadão. Essa pontuação, que reflete o comportamento social e econômico do indivíduo, determina o acesso a uma série de direitos e privilégios: aqueles com boas avaliações desfrutam de benefícios como melhores ofertas de trabalho e condições mais vantajosas de crédito, enquanto os que obtêm pontuação mais baixa enfrentam sanções, incluindo restrições de mobilidade e dificuldade no acesso a serviços essenciais.

Esse sistema ilustra uma nova forma de controle digital, em que o comportamento das massas é regulado em tempo real. A capacidade de moldar as escolhas e ações de indivíduos com base no rastreamento contínuo de suas atividades inaugura uma era em que o poder centralizado utiliza a tecnologia não só para monitorar, mas também para definir as interações e percepções das pessoas em relação ao mundo que as cerca. Assim, o ambiente digital torna-se uma ferramenta poderosa de controle, projetando novas fronteiras para a centralização da autoridade.

O papel das plataformas de tecnologia

As "gigantes" da tecnologia, como Google, Facebook e Amazon, dispõem de vastos repositórios de dados de seus usuário e tomam proveito dessas informações para segmentar anúncios, prever tendências de comportamento e até influenciar eventos políticos. Essas plataformas desempenham um papel central na concentração de poder no ambiente digital, frequentemente sem supervisão adequada ou transparência sobre suas práticas.

Um exemplo marcante desse fenômeno é o escândalo da Cambridge Analytica, que evidenciou o uso inadequado de dados coletados por plataformas digitais para manipular a percepção e as escolhas de grandes grupos de pessoas. A Cambridge Analytica, uma consultoria especializada em estratégias políticas, utilizou informações de milhões de usuários do Facebook para criar perfis psicológicos detalhados, que serviram de base para campanhas publicitárias personalizadas durante a eleição presidencial de 2016 nos Estados Unidos e o referendo do Brexit no Reino Unido. Esse incidente destacou o poder centralizado e as implicações éticas no uso de dados pessoais sem o consentimento explícito dos indivíduos.

Além disso, as empresas de tecnologia exercem grande controle sobre a narrativa pública, por meio da moderação de conteúdos e das políticas de uso que impõem. As decisões que essas corporações tomam sobre o que deve ser promovido, suprimido ou removido influenciam diretamente a liberdade de expressão e o acesso à informação, com profundas repercussões para a democracia e o equilíbrio de poder.

A REPRESSÃO DO PENSAMENTO INDEPENDENTE

O controle da educação e da pesquisa científica

O controle sobre o pensamento vai além da manipulação dos meios de comunicação e da censura digital; ele se infiltra também nos sistemas educacionais e no campo da pesquisa científica. Em regimes autoritários, a educação frequentemente se torna uma ferramenta para moldar as mentes dos jovens, instilando a ideologia do governo e inibindo a capacidade de questionamento. As disciplinas como história, ciências e humanidades são reformuladas para apoiar a narrativa estatal, enquanto qualquer expressão de pensamento crítico é sistematicamente desincentivada.

Um exemplo emblemático desse controle ocorreu durante a Revolução Cultural na China. Nesse período, o sistema educacional foi profundamente remodelado para se alinhar com a doutrina maoísta. Acadêmicos e professores rotulados de "burgueses" ou "opositores revolucionários" enfrentaram severas represálias, sendo enviados para campos de reeducação ou até executados. A educação passou a ser dominada pelos princípios comunistas, substituindo o questionamento intelectual por uma obediência inquestionável às diretrizes do Partido Comunista.

Mesmo em democracias, o controle sobre a ciência pode assumir formas mais veladas. Tanto governos quanto corporações financiam pesquisas que favorecem suas prioridades, ao passo que relegam ao esquecimento estudos que apresentam resultados contraditórios. Um exemplo disso está no debate sobre os efeitos nocivos do tabaco à saúde. Por décadas, a indústria do tabaco apoiou pesquisas desenhadas para descreditar estudos que estabeleciam a relação entre tabagismo e câncer, retardando a implementação de regulamentações mais rígidas e contribuindo para um enorme número de mortes que poderiam ter sido evitadas.

A supressão da dissidência intelectual

A centralização do poder, além de controlar a educação e a pesquisa, frequentemente se manifesta na repressão direta de intelectuais, escritores e artistas que desafiam as narrativas estabelecidas. Aqueles que ousam questionar o *status quo* ou expor realidades ocultas são alvo de perseguição, censura ou silenciamento.

Um exemplo emblemático disso é o caso de Alexander Solzhenitsyn, escritor soviético que foi aprisionado e exilado por suas denúncias contundentes sobre o sistema de trabalho forçado nos *gulags*. O livro *Arquipélago Gulag*, mencionado anteriormente, um relato visceral baseado nas experiências do próprio autor como prisioneiro político, revelou ao mundo as crueldades do regime soviético, desafiando o mito de que o comunismo era uma ideologia de justiça e igualdade. A resposta das autoridades foi implacável: banir a obra e banir Solzhenitsyn, que eventualmente foi expulso do país.

Nos anos 1920 e 1930, o biólogo soviético Trofim Lysenko defendeu uma teoria biológica que negava a genética mendeliana, promovendo a ideia de que características adquiridas poderiam ser herdadas. A teoria de Lysenko alinhava-se com os ideais marxistas, que enfatizavam que o ambiente social poderia moldar o comportamento humano, e acabou por ganhar apoio oficial de Josef Stálin.

Cientistas que tentaram refutar as ideias de Lysenko, como o geneticista Nikolai Vavilov, foram perseguidos. Vavilov, por exemplo, foi preso e morreu na prisão. Durante o regime stalinista, a genética foi praticamente banida na União Soviética, e o trabalho científico foi severamente limitado, já que Lysenko dominava o campo da biologia agrícola com o apoio do governo. Esse episódio é um exemplo clássico de como a dissidência intelectual pode ser suprimida por pressões políticas, resultando em consequências devastadoras para a ciência e o progresso.

Na Grécia antiga, a filosofia floresceu, mas nem todas as ideias eram aceitas. Um exemplo notório é o caso de Sócrates, que foi acusado de corromper a juventude e de impiedade, em parte por suas ideias que desafiavam o *status quo* ateniense. Sócrates encorajava o questionamento das normas sociais e políticas, algo que a elite de Atenas considerava perigoso. Ele foi julgado e condenado à morte, sendo forçado a beber cicuta. Seu julgamento é considerado um caso emblemático de como a sociedade pode suprimir a dissidência intelectual quando ela desafia as estruturas de poder estabelecidas.

Essa repressão sistemática do pensamento independente é um traço marcante de qualquer sistema que busca centralizar o poder. Ao erradicar as vozes que desafiam a narrativa oficial, esses regimes buscam criar uma realidade unidimensional, em que o pensamento crítico é sufocado e a oposição, impossibilitada, garantindo que a ideologia dominante permaneça incólume e indiscutível.

CAPÍTULO 6

A FASCINAÇÃO DOS ARTISTAS POR POLÍTICOS POPULISTAS E IDEOLOGIAS TOTALITÁRIAS

A história nos mostra que alguns artistas, frequentemente vistos como vozes da liberdade e da inovação, às vezes acabam defendendo políticos populistas e ideologias que, na essência, têm características totalitárias. Essa aparente contradição, embora desconcertante, pode ser compreendida quando analisamos a complexa relação entre a arte, a política e a ideologia.

Quais são as razões pelas quais artistas são atraídos por esses movimentos? E como suas inclinações podem ser tanto um reflexo de suas aspirações quanto uma consequência de manipulações ideológicas?

A NATUREZA SUBVERSIVA DA ARTE

A arte como força de mudança

Artistas, por definição, tendem a ser inovadores e desafiadores do *status quo*. A arte é frequentemente uma forma de subversão, uma maneira de questionar normas estabelecidas e propor novas maneiras de ver o mundo. Políticos populistas, que geralmente prometem uma ruptura com o passado e uma transformação radical da sociedade, podem ser figuras sedutoras que ressoam fortemente essa mentalidade

Vanguardas artísticas e a Revolução Russa

Durante os primeiros anos da Revolução Russa, muitos artistas de vanguarda, como os construtivistas, apoiaram o movimento bolchevique.

Eles viam a revolução como uma oportunidade para criar uma nova ordem social e cultural, livre das tradições que consideravam opressivas. A promessa de uma sociedade completamente nova, em que a arte poderia desempenhar um papel central, os atraiu profundamente.

O apelo da ruptura

Artistas são frequentemente atraídos por ideias que prometem romper com o passado e criar algo completamente novo. Políticos populistas, que costumam se posicionar como *antiestablishment* e prometer uma renovação radical da sociedade, apelam para esse desejo de ruptura e transformação.

A ARTE É FREQUENTEMENTE UMA FORMA DE SUBVERSÃO, UMA MANEIRA DE QUESTIONAR NORMAS ESTABELECIDAS E PROPOR NOVAS MANEIRAS DE VER O MUNDO.

O idealismo e a utopia

A busca pela utopia

Artistas são, muitas vezes, idealistas, que buscam construir, através de sua arte, um mundo melhor ou mais justo. Políticos populistas, especialmente aqueles com tendências totalitárias, frequentemente utilizam uma retórica utópica, prometendo uma sociedade perfeita, livre de injustiças e desigualdades. Esse discurso pode ressoar fortemente entre artistas que veem em suas obras um meio de contribuir para a realização de tais ideais.

Louis Burlamaqui

ARTISTAS SÃO FREQUENTEMENTE ATRAÍDOS POR IDEIAS QUE PROMETEM ROMPER COM O PASSADO E CRIAR ALGO COMPLETAMENTE NOVO.

Artistas e o fascismo

Na Itália de Mussolini e na Alemanha nazista, muitos artistas inicialmente apoiaram os regimes fascistas, atraídos pelas promessas de renascimento nacional e criação de uma cultura poderosa e unificada. O apelo à ideia de "comunidade" e de "pureza cultural" parecia alinhar-se com as visões utópicas desses artistas, antes que as realidades brutais desses regimes se tornassem inegáveis.

Escola de Frankfurt

A Escola de Frankfurt, fundada na década de 1920 por um grupo de intelectuais marxistas na Alemanha, desenvolveu uma estratégia intelectual que influenciaria profundamente o pensamento cultural, político e artístico das décadas seguintes. Entre seus membros proeminentes estavam filósofos e sociólogos como Theodor Adorno, Max Horkheimer, Herbert Marcuse e Walter Benjamin. O objetivo desse grupo não era apenas uma análise teórica do capitalismo, mas também uma crítica cultural e social profunda, que buscava encontrar caminhos para minar as bases ideológicas do capitalismo e promover alternativas marxistas e socialistas. Um dos alvos dessa crítica e estratégia foi o campo das artes.

A fascinação dos artistas pelos modelos socialistas e marxistas

A estratégia da Escola de Frankfurt em relação às artes envolveu o uso do marxismo cultural como uma forma de análise crítica, desafiando as normas artísticas e sociais estabelecidas. Eles acreditavam que a cultura, ao lado das forças econômicas, desempenhava um papel central na manutenção das estruturas de poder. A indústria cultural, conceito desenvolvido por Adorno e Horkheimer, seria responsável por perpetuar a ideologia capitalista ao transformar a arte em mercadoria, banalizando seu conteúdo crítico. Nesse contexto, eles viam a arte como uma ferramenta potencial de transformação social, caso fosse desvinculada da lógica de mercado.

Artistas, tradicionalmente sensíveis às tensões sociais e às injustiças, encontraram no discurso da Escola de Frankfurt uma nova forma de abordar o mundo. Ao conectar o marxismo com uma crítica mais ampla da sociedade e da cultura, a escola proporcionou um quadro ideológico que apelava aos anseios criativos de muitos artistas, que passaram a ver no socialismo e no marxismo uma promessa de emancipação tanto política quanto estética.

O marxismo, de acordo com a perspectiva da Escola de Frankfurt, oferecia aos artistas uma visão de sociedade em que as divisões de classe e a exploração do trabalho criativo seriam abolidas. Para os artistas, esse modelo de sociedade trazia a possibilidade de criação sem as limitações impostas pelo mercado, pela censura ou pelas expectativas comerciais. Ao imaginar uma sociedade socialista, muitos artistas acreditavam que a arte poderia recuperar sua autonomia e seu poder transformador.

Walter Benjamin e a reconfiguração da arte

Walter Benjamin, um dos teóricos mais influentes da Escola de Frankfurt, desempenhou um papel fundamental ao reconfigurar a maneira como a arte era vista dentro desse contexto. No ensaio "A obra de arte na era de sua reprodutibilidade técnica", Benjamin argumentou que as novas tecnologias de reprodução, como o cinema e a fotografia, ofereciam uma oportunidade única de democratizar a arte, afastando-a de sua "aura" elitista e trazendo-a para mais perto das massas. Para Benjamin, essas novas formas de arte tinham o potencial de subverter a ordem estabelecida, permitindo uma politização mais profunda da estética.

A ideia de que a arte poderia desempenhar um papel central na revolução social foi extremamente atraente para muitos artistas. Filmes, fotografias e até mesmo colagens passaram a ser vistas como ferramentas para questionar a realidade e estimular o pensamento crítico. O uso de imagens como meio de resistência ao capitalismo ressoava fortemente entre artistas da época, que viam essas novas formas de expressão como um caminho para desafiar a cultura dominante.

AO IMAGINAR UMA SOCIEDADE SOCIALISTA, MUITOS ARTISTAS ACREDITAVAM QUE A ARTE PODERIA RECUPERAR SUA AUTONOMIA E SEU PODER TRANSFORMADOR.

Herbert Marcuse e a liberação da sensibilidade

Outro membro da Escola de Frankfurt que influenciou profundamente a visão dos artistas foi Herbert Marcuse, com sua teoria da liberação da sensibilidade. Em obras como *Eros e civilização* e *O homem unidimensional*, Marcuse argumentava que a sociedade capitalista havia suprimido os impulsos criativos e sensuais dos indivíduos, substituindo-os por uma racionalidade instrumental voltada para a produtividade e o consumo. Para ele, o socialismo não deveria apenas redistribuir a riqueza, mas também liberar os indivíduos de uma repressão psicológica que limitava sua capacidade de experimentar a beleza e a liberdade.

Muitos artistas foram atraídos por essa visão. Para eles, o modelo socialista proposto por Marcuse oferecia a promessa de uma libertação total — não apenas no sentido político, mas também no sentido estético e existencial. A arte, sob o socialismo, poderia se tornar um veículo para a realização plena do potencial humano, rompendo com as amarras da alienação e da mercantilização.

A IDEIA DE QUE A ARTE PODERIA DESEMPENHAR UM PAPEL CENTRAL NA REVOLUÇÃO SOCIAL FOI EXTREMAMENTE ATRAENTE PARA MUITOS ARTISTAS.

A crítica à cultura de massa e a busca por autenticidade

A crítica da Escola de Frankfurt à cultura de massa também desempenhou um papel importante na fascinação dos artistas pelos novos modelos socialistas. Adorno e Horkheimer argumentavam que a indústria cultural capitalista reduzia a arte a um produto de consumo, esvaziando seu conteúdo crítico e sua capacidade de promover a reflexão. Para muitos artistas, essa crítica soou como uma denúncia de sua própria experiência dentro do sistema capitalista: a arte estava sendo transformada em mercadoria, e os artistas estavam sendo forçados a conformar suas criações às demandas do mercado.

Sob o socialismo, acreditava-se que a arte poderia recuperar sua autenticidade, livre das pressões comerciais. Isso atraiu artistas que viam no sistema capitalista uma ameaça à sua liberdade criativa. Eles começaram a imaginar um mundo em que a arte fosse criada não para vender, mas para expressar verdades profundas sobre a condição humana e a sociedade.

A estratégia da Escola de Frankfurt de conectar o marxismo com a crítica cultural forneceu uma base intelectual que seduziu muitos artistas, oferecendo-lhes uma nova maneira de ver o mundo e sua própria prática artística. Ao propor a emancipação da arte das garras do capitalismo, a escola ofereceu uma visão utópica na qual a arte poderia ser tanto um meio de resistência quanto um caminho para a transformação social.

Essa fascinação dos artistas por novos modelos socialistas e marxistas não foi apenas uma questão teórica, mas também prática. Movimentos como o realismo socialista, influenciados por essas ideias, tomaram forma em diferentes países, enquanto artistas modernistas experimentavam novas formas de expressão que desafiavam as normas burguesas e procuravam uma estética revolucionária.

Assim, a Escola de Frankfurt teve um impacto profundo e duradouro sobre o pensamento artístico do século 20, conectando as preocupações estéticas com as lutas políticas e sociais de maneira inédita e poderosa.

Artistas e o apoio a Cuba

Além dos artistas cubanos, várias figuras internacionais demonstraram apoio ao regime cubano ao longo dos anos. Isso foi particularmente comum durante os anos 1960 e 1970, quando a Revolução Cubana era vista por muitos como um exemplo de resistência ao imperialismo e uma alternativa ao capitalismo.

- **Jean-Paul Sartre e Simone de Beauvoir**: os filósofos franceses Jean-Paul Sartre e Simone de Beauvoir visitaram Cuba pouco depois da Revolução e expressaram publicamente seu apoio ao regime de Fidel Castro. Sartre escreveu sobre sua visita, exaltando os ideais revolucionários e a luta contra o imperialismo norte-americano. Embora mais tarde tenham se distanciado de Castro, as obras e declarações de apoio dos filósofos tiveram impacto nas percepções internacionais sobre o regime.

- **Harry Belafonte**: o cantor, ator e ativista norte-americano Harry Belafonte foi um firme apoiador de Cuba e da Revolução ao longo de sua vida. Ele visitou Cuba várias vezes e era amigo de Fidel Castro. Belafonte via o regime cubano como um bastião de resistência contra o colonialismo e o imperialismo, especialmente em relação à luta dos povos afrodescendentes.
- **Gabriel García Márquez**: O escritor colombiano Gabriel García Márquez, vencedor do Prêmio Nobel de Literatura, manteve uma relação próxima com Fidel Castro e, em muitos momentos, apoiou o regime cubano. Embora fosse um defensor crítico da revolução, ele foi amigo de Castro e elogiou algumas das realizações do governo cubano, especialmente nas áreas de educação e saúde. Seu apoio, no entanto, foi frequentemente equilibrado com críticas ao autoritarismo e à repressão de liberdades civis.

A cegueira do idealismo

O idealismo pode levar à cegueira em relação às realidades práticas e às implicações autoritárias dessas ideologias. O desejo de alcançar uma utopia pode fazer com que os artistas ignorem ou minimizem os aspectos totalitários dos movimentos que apoiam, especialmente quando esses movimentos prometem dar à arte e à cultura um lugar central em seu novo mundo.

A sedução do poder e do reconhecimento

O desejo de reconhecimento

Artistas, como qualquer ser humano, buscam reconhecimento e validação. Regimes populistas e totalitários frequentemente oferecem apoio institucional, financiamento e uma plataforma para que os artistas promovam seu trabalho, em troca de apoio político. A promessa de um lugar de destaque na nova ordem social pode ser irresistível, especialmente em um contexto em que as oportunidades para artistas podem ser limitadas.

No Brasil, a Lei Rouanet tornou-se, em parte, mais conhecida como um catalisador de vantagens para artistas de expressão alinhados com determinadas ideologias do que um incentivo a iniciantes que de fato precisam de apoio para divulgar sua obra.

O Realismo Socialista na União Soviética

Sob Stálin, o regime soviético adotou o Realismo Socialista como a forma oficial de arte, exaltando os valores do comunismo e glorificando o trabalhador soviético. Muitos artistas alinharam-se com essa ideologia — não apenas por acreditarem nela, mas também porque isso garantiu o patrocínio do Estado e uma audiência ampla para suas obras.

O comprometimento ético

No entanto, esse reconhecimento frequentemente vem com um preço: a necessidade de conformar-se às exigências ideológicas do regime. Artistas que inicialmente apoiam regimes populistas podem, com o tempo, encontrar-se presos em um sistema que compromete sua liberdade criativa e os utiliza como ferramentas de propaganda.

A manipulação ideológica

A captação dos artistas pela ideologia

Regimes totalitários e movimentos populistas são frequentemente mestres em manipulação ideológica. Eles criam narrativas que apelam para as sensibilidades artísticas, apresentando-se como guardiões da cultura, protetores dos valores nacionais, defensores do meio ambiente ou promotores da verdadeira expressão artística. Esse tipo de narrativa pode capturar artistas que, na busca por significado e relevância, são levados a acreditar que estão contribuindo para uma causa maior.

NO BRASIL, A LEI ROUANET TORNOU-SE, EM PARTE, MAIS CONHECIDA COMO UM CATALISADOR DE VANTAGENS PARA ARTISTAS DE EXPRESSÃO ALINHADOS COM DETERMINADAS IDEOLOGIAS DO QUE UM INCENTIVO A INICIANTES QUE DE FATO PRECISAM DE APOIO PARA DIVULGAR SUA OBRA.

Artistas e o populismo de direita na Europa

Em vários países europeus, artistas são atraídos por movimentos populistas de direita que se apresentam como defensores da cultura nacional contra as ameaças da globalização e da imigração. Esses movimentos prometem proteger e promover a "verdadeira" cultura nacional, atraindo artistas que temem a perda de identidade cultural.

O perigo da cooptação

O perigo é que, ao se alinharem com essas ideologias, os artistas podem ser cooptados, tornando-se instrumentos para a propagação de mensagens que, no fundo, são contrárias à liberdade e à diversidade que a arte deveria promover. Essa cooptação pode levar à destruição da autonomia artística e à instrumentalização da arte para fins políticos.

REGIMES TOTALITÁRIOS E MOVIMENTOS POPULISTAS SÃO FREQUENTEMENTE MESTRES EM MANIPULAÇÃO IDEOLÓGICA.

A resistência artística e a recuperação da autonomia

A redescoberta da liberdade criativa

Embora muitos artistas tenham sido seduzidos por ideologias populistas e totalitárias, a história também está repleta de exemplos de resistência artística. Muitos artistas, após perceberem a verdadeira natureza dos movimentos que apoiaram, voltaram-se contra esses regimes, utilizando sua arte como um meio de crítica e subversão.

Pablo Picasso e o fascismo

Embora o pintor Pablo Picasso tenha inicialmente evitado o engajamento político direto, a ascensão do fascismo na Europa e a Guerra Civil Espanhola o levaram a criar obras poderosamente políticas, como *Guernica*, que denunciava a brutalidade da guerra e do fascismo. Sua arte se tornou uma ferramenta de resistência, contrastando com a subserviência de outros artistas ao poder.

O arrependimento de artistas cubanos

Alguns dos artistas que inicialmente apoiaram o regime cubano acabaram se distanciando ou expressaram arrependimento à medida que a realidade autoritária e repressiva do governo se tornava mais evidente. Esses artistas começaram a criticar abertamente o regime, especialmente em relação à falta de liberdades civis, à censura, à repressão e ao colapso das promessas revolucionárias de justiça social e igualdade.

Pablo Milanés, um dos fundadores do movimento *Nueva Trova*, foi um dos maiores expoentes da música de apoio à Revolução Cubana. Por muitos anos, ele exaltou os valores socialistas e defendeu o regime cubano em suas canções e declarações públicas. No entanto, à medida que envelhecia, Milanés foi se tornando cada vez mais crítico do governo de Fidel Castro e, mais tarde, de Raúl Castro. Ele criticou a repressão às liberdades individuais e o tratamento dispensado àqueles que ousavam criticar o regime.

Em 2011, Pablo Milanés expressou publicamente seu descontentamento com o governo cubano, afirmando que o país precisava de mudanças profundas e acusando o regime de ser responsável pelas dificuldades econômicas e sociais da população. Ele também criticou a demora na implementação de reformas e a repressão a artistas e intelectuais dissidentes. Suas críticas refletiram uma ruptura significativa com o apoio incondicional que havia oferecido ao regime nas décadas anteriores. Embora tenha continuado a cantar em Cuba, Milanés passou a representar uma voz mais crítica ao modelo político que ele ajudara a exaltar no passado.

O escritor Reinaldo Arenas, embora tenha inicialmente apoiado a Revolução Cubana e se entusiasmado com as promessas de igualdade e justiça social, rapidamente se desiludiu com o regime de Fidel Castro. Arenas, que era abertamente gay, foi perseguido pelo governo cubano por sua orientação sexual e suas opiniões críticas. Ele foi preso e censurado, e suas obras foram banidas em Cuba.

Arenas passou grande parte de sua vida exilado nos Estados Unidos, onde escreveu ferozmente contra o regime cubano. Em seu livro de memórias, *Antes que anoiteça*, ele descreve a repressão brutal e o controle social que o regime impôs sobre artistas, intelectuais e minorias. Arenas retratou o governo cubano como uma ditadura que traía os ideais da Revolução e escravizava seu povo sob a fachada de igualdade socialista, tornando-se uma das vozes mais críticas do regime e denunciando-o como uma farsa, que oprimia tanto a liberdade de pensamento quanto os direitos humanos.

O poeta Heberto Padilla também foi um entusiasta da Revolução Cubana, mas rapidamente se desiludiu com o regime de Fidel Castro. Em 1971, Padilla foi preso após publicar a obra *Fuera del juego*, livro de poesias que fazia críticas veladas ao regime. Sua prisão foi amplamente condenada internacionalmente, e intelectuais ao redor do mundo, incluindo figuras como Gabriel García Márquez e Mario Vargas Llosa, protestaram contra a detenção.

Após sua libertação, Padilla foi forçado a fazer uma autocrítica pública, um evento humilhante que ecoava os julgamentos de expurgos soviéticos. Esse episódio se tornou um símbolo da repressão cultural e da falta de liberdade de expressão em Cuba. Padilla mais tarde se exilou nos Estados Unidos, onde continuou a criticar o regime cubano. Sua experiência o levou a se arrepender do apoio inicial à Revolução e a se tornar uma figura representativa da traição do governo a seus próprios ideais revolucionários.

Pablo Milanés, um dos fundadores do movimento *Nueva Trova*, foi um dos maiores expoentes da música de apoio à Revolução Cubana. Por muitos anos, ele exaltou os valores socialistas e defendeu o regime cubano em suas canções e declarações públicas. No entanto, à medida que envelhecia, Milanés foi se tornando cada vez mais crítico do governo de Fidel Castro e, mais tarde, de Raúl Castro. Ele criticou a repressão às liberdades individuais e o tratamento dispensado àqueles que ousavam criticar o regime.

Embora não sejam cubanos, escritores como o chileno Pablo Neruda e o colombiano Gabriel García Márquez foram inicialmente grandes apoiadores da Revolução Cubana. No entanto, com o correr do tempo, ambos passaram a expressar críticas ao regime, especialmente em relação à repressão de dissidentes e à falta de liberdades individuais.

A importância da autocrítica

Para não cair na armadilha de apoiar ideologias totalitárias, os artistas (e todos nós) devem cultivar a autocrítica e a reflexão contínua sobre as implicações de suas ações e apoios. Devem questionar constantemente se suas escolhas estão verdadeiramente alinhadas com os princípios de liberdade, justiça e diversidade que a arte busca expressar.

A relação entre arte e política é complexa e multifacetada.

Artistas são atraídos por políticos populistas e ideologias totalitárias por uma variedade de razões — desde a busca por mudança e utopia até o desejo de reconhecimento, as vantagens financeiras e a vulnerabilidade à manipulação ideológica.

No entanto, a história mostra que a arte também pode ser uma força poderosa de resistência contra esses mesmos regimes.

Ao compreender as razões por trás dessa atração, os artistas e o público podem estar mais bem-equipados para reconhecer os perigos do apoio a tais movimentos e, assim, preservar a própria autonomia e liberdade criativa. A reflexão crítica e a resistência são essenciais para garantir que a arte continue a ser um farol de liberdade e inovação, em vez de uma ferramenta de opressão e controle.

Cabe à classe artística engajar-se em análises críticas mais aprofundadas e menos passionais a respeito do mundo e da política. Algumas perguntas podem ajudar nesse processo, tais como:
- Esse regime é similar ao de outro país? Que consequências tem gerado?

- Esse político mente?
- Esse partido é corrupto?
- Estão tentando comprar meu apoio? Como?
- Querem me seduzir por que razão?
- Como eles lidam com críticas?
- A liberdade estará em jogo no futuro?
- Há um histórico de falsas promessas?
- Estou comprometido com a ideologia ou com a liberdade?

Se algum artista honestamente fizer essas perguntas a si mesmo com consciência, ele despertará para um entendimento maior que poderá livrá-lo de um possível sequestro da consciência.

ARTISTAS SÃO ATRAÍDOS POR POLÍTICOS POPULISTAS E IDEOLOGIAS TOTALITÁRIAS POR UMA VARIEDADE DE RAZÕES — DESDE A BUSCA POR MUDANÇA E UTOPIA ATÉ O DESEJO DE RECONHECIMENTO, AS VANTAGENS FINANCEIRAS E A VULNERABILIDADE À MANIPULAÇÃO IDEOLÓGICA.

CAPÍTULO 7

AS ELITES GLOBAIS E O RISCO DO SEQUESTRO DA CONSCIÊNCIA

COMO A AGENDA 2030/45 E O MOVIMENTO WOKE PODEM SEQUESTRAR A CONSCIÊNCIA DAS PESSOAS

Agenda 2030/45

A **Agenda 2030/45 para o Desenvolvimento Sustentável** foi adotada pela ONU em 2015 como um plano de ação para erradicar a pobreza, proteger o planeta e garantir a paz e a prosperidade para todos. Ela é composta de 17 Objetivos de Desenvolvimento Sustentável (ODS), que abrangem questões como mudanças climáticas, igualdade de gênero, educação de qualidade e saúde para todos.

A Agenda 2030/45 é apresentada como uma iniciativa global para resolver os maiores problemas da humanidade, promovendo um futuro sustentável e inclusivo.

Embora os objetivos da Agenda 2030/45 sejam amplamente louváveis, há críticas e preocupações legítimas sobre como esses objetivos estão sendo implementados e sobre o potencial de uso da agenda para promover políticas que possam ser coercitivas ou que ignorem complexidades locais e culturais.

Uniformidade global de políticas

A Agenda 2030/45 promove uma série de políticas que, para serem eficazes, exigem uma implementação global. No entanto, essa abordagem pode ignorar as necessidades e circunstâncias específicas de diferentes países e culturas, promovendo uma uniformidade que não leva em conta a diversidade local. Isso pode resultar em políticas que sejam aplicadas de forma coercitiva, com pouca consideração pelo contexto cultural ou social de cada região.

Uma política global de controle de emissão de carbono, por exemplo, pode ser aplicada uniformemente em países desenvolvidos e em desenvolvimento, sem considerar que os países em desenvolvimento talvez não tenham os recursos ou as infraestruturas necessárias para cumprir tais regulamentações. Isso pode levar a um sequestro da consciência coletiva, por meio do qual as populações sejam levadas a aceitar políticas inadequadas para sua realidade, em nome de um "bem maior" global.

A AGENDA 2030/45 É APRESENTADA COMO UMA INICIATIVA GLOBAL PARA RESOLVER OS MAIORES PROBLEMAS DA HUMANIDADE, PROMOVENDO UM FUTURO SUSTENTÁVEL E INCLUSIVO.

Controle narrativo através de organizações supranacionais

A Agenda 2030/45 é promovida por organizações supranacionais que têm um grande poder de influência sobre os governos nacionais. Com isso, os governos podem ser pressionados a adotar políticas específicas, mesmo que essas políticas não sejam adequadas para seu país ou sejam impopulares internamente.

Os governos também podem ser pressionados a implementar políticas de "educação sustentável" que incluem certos conteúdos ideológicos controversos, moldando a mentalidade das gerações futuras de maneira que eventualmente não reflita os valores locais.

A narrativa do "bem maior"

A Agenda 2030/45 frequentemente utiliza a ideia de um "bem maior" para justificar políticas amplas e abrangentes. Embora a ideia de trabalhar pelo bem comum seja louvável, essa narrativa pode ser manipulada para suprimir críticas e dissidências. Quem questiona as políticas da Agenda 2030/45 pode ser rotulado de "contra o progresso" ou "inimigo do planeta", o que resulta em um silenciamento de discussões legítimas e marginaliza opiniões alternativas.

Um agricultor local, ao se opor a novas regulamentações ambientais que afetem sua capacidade de plantar, por exemplo, pode ser considerado "retrógrado", mesmo que sua oposição seja baseada em preocupações legítimas sobre a viabilidade econômica de sua fazenda.

Movimento woke: conscientização ou coerção?

O que é o movimento woke?

O movimento woke começou como uma conscientização sobre questões de injustiça racial e social, incluindo discriminação, racismo estrutural e desigualdade de gênero. Mas tem sido associado a uma vigilância moral ativa sobre o comportamento social, sob o pretexto de promover justiça e equidade.

O movimento busca criar uma sociedade mais justa e igualitária, em que todas as formas de discriminação e opressão sejam eliminadas.

Embora o movimento tenha trazido à tona questões importantes, ele também tem sido criticado por promover a chamada "cultura do cancelamento", que abordaremos a seguir, e por impor uma conformidade ideológica com potencial para se transformar em uma nova forma de opressão.

O sequestro da consciência

> **O MOVIMENTO BUSCA CRIAR UMA SOCIEDADE MAIS JUSTA E IGUALITÁRIA, EM QUE TODAS AS FORMAS DE DISCRIMINAÇÃO E OPRESSÃO SEJAM ELIMINADAS.**

Como o movimento woke pode sequestrar a consciência

Cultura do cancelamento

O movimento woke, em sua manifestação mais radical, tem promovido a "cultura do cancelamento" — fenômeno surgido nas redes sociais que consiste em ostracizar e/ou boicotar publicamente indivíduos ou organizações por opiniões ou comportamentos considerados inaceitáveis. Essa prática promove um ambiente digital de medo constante, em que as pessoas se sentem obrigadas a se conformar às normas ideológicas dominantes para que não sejam "canceladas". Um professor universitário que expressa uma opinião contrária à narrativa woke dominante, por exemplo, pode ser demitido ou censurado, independentemente de sua competência ou do valor de suas ideias.

Imposição de narrativas únicas

O movimento woke pode impor uma visão única sobre questões complexas, rotulando qualquer dissidência como racista, sexista ou opressora. Isso limita a liberdade de expressão e de pensamento, pois as pessoas podem ser intimidadas a adotar uma posição que não corresponde à própria análise ou experiência.

Assim, discussões sobre políticas de ação afirmativa ou identidades de gênero correm o risco de ser reduzidas a uma narrativa binária em que apenas uma visão é permitida, enquanto outras perspectivas são automaticamente descartadas como preconceituosas.

Manipulação emocional e moral

O movimento woke utiliza frequentemente a manipulação emocional e a pressão moral para forçar a conformidade. Ao apelar para a compaixão e o senso de justiça, ele pode induzir as pessoas a aceitarem posições que não foram plenamente analisadas ou que podem ter consequências não intencionais. Uma empresa pode ser pressionada a adotar determinadas políticas de diversidade não por acreditar sinceramente nelas, mas por medo de boicotes ou de prejudicar a imagem da marca perante o público. Isso pode resultar em políticas que são implementadas de maneira superficial ou contraproducente.

RESPOSTAS AO SEQUESTRO DA CONSCIÊNCIA

Desenvolvendo o pensamento crítico

Para resistir ao sequestro da consciência, tanto pela Agenda 2030/45 quanto pelo movimento woke, é crucial desenvolver e fortalecer o pensamento crítico. Isso envolve:

- **Avaliar políticas criticamente:** fazer uma análise crítica das políticas propostas para entender seus impactos reais, especialmente no contexto local e cultural.
- **Respeitar a diversidade de perspectivas:** buscar informações de várias fontes e considerar diferentes pontos de vista antes de formar uma opinião.
- **Questionar narrativas:** não aceitar passivamente qualquer narrativa pronta, sem questionar seus fundamentos e implicações. Pergunte-se sempre: "Quem se beneficia com essa narrativa?".

Proteção da liberdade de expressão

É vital proteger a liberdade de expressão e a pluralidade de ideias. Mesmo quando uma ideia é impopular ou controversa, ela deve ser discutida e analisada em um ambiente aberto. Isso impede que uma única ideologia domine o discurso público e garante que todas as vozes sejam ouvidas.

Incentivar debates abertos em universidades, em espaços públicos e nas redes sociais, de maneira que diferentes opiniões possam ser expressas sem medo de retaliação, protege a liberdade.

Promoção da autonomia intelectual

As pessoas devem ser encorajadas a pensar por si mesmas e a tomar decisões com base nas próprias análises e valores, em vez de simplesmente seguirem as tendências ou cederem à pressão social. Isso pode ser feito por meio da educação, do diálogo e da exposição a uma ampla gama de ideias. Criar grupos de leitura ou discussão em que as pessoas possam explorar ideias complexas de forma colaborativa, sem medo de julgamento ou de coerção, pode ser uma alternativa saudável.

Tanto a Agenda 2030/45 quanto o movimento woke são iniciativas que, em suas intenções originais, buscam promover o bem-estar humano e a justiça social. No entanto, como qualquer movimento ou ideologia, eles têm o potencial de ser usados para manipular e controlar a consciência das pessoas, impondo conformidade e suprimindo a diversidade de pensamento.

É essencial que indivíduos e comunidades desenvolvam a capacidade de pensar criticamente, proteger a liberdade de expressão e promover a autonomia intelectual. Somente assim poderemos garantir que essas agendas não se transformem em ferramentas de opressão, mas que permaneçam representando verdadeiras forças para o progresso e a justiça.

O QUE É O CLUBE DE BILDERBERG?

O **Clube de Bilderberg** tem sido fonte de fascinação e controvérsia desde sua criação, em 1954. Formado por líderes empresariais, políticos influentes e acadêmicos, o grupo se reúne anualmente a portas fechadas, o que sempre suscitou muitas teorias da conspiração.

O clube foi fundado pelo político polonês Józef Retinger com o objetivo de promover um diálogo entre os Estados Unidos e a Europa Ocidental durante a Guerra Fria. Seus encontros, que reúnem figuras de grande influência global, são caracterizados pela estrita confidencialidade, com os participantes proibidos de divulgar os detalhes das discussões. O argumento oficial é que essa privacidade permite uma troca de ideias mais aberta, sem a pressão de escrutínio público ou político.

No entanto, essa confidencialidade também foi o catalisador para a criação de teorias de que o grupo está envolvido em manipulações globais, com a intenção de estabelecer uma espécie de "governo mundial" que controlaria os rumos políticos, econômicos e sociais da humanidade.

Teorias de controle social

Uma das teorias mais prevalentes sobre o Clube de Bilderberg é que ele serve como uma plataforma para a coordenação de políticas de controle social em escala global. Alguns críticos afirmam que as elites que participam das reuniões discutem maneiras de manipular mercados, controlar governos e moldar a opinião pública. Há alegações de que decisões importantes, como intervenções militares, crises financeiras e o aumento da vigilância estatal, são planejadas no âmbito das reuniões de Bilderberg.

INCENTIVAR DEBATES ABERTOS EM UNIVERSIDADES, EM ESPAÇOS PÚBLICOS E NAS REDES SOCIAIS, DE MANEIRA QUE DIFERENTES OPINIÕES POSSAM SER EXPRESSAS SEM MEDO DE RETALIAÇÃO, PROTEGE A LIBERDADE.

Por exemplo, argumenta-se que o clube apoia o aumento do poder de corporações transnacionais, promovendo a privatização de recursos e a dependência das nações em sistemas financeiros controlados por uma elite. Isso se encaixaria na narrativa de "controle social", segundo a qual as massas seriam controladas por uma minoria dominante através de meios econômicos e políticos.

Os críticos do Clube de Bilderberg muitas vezes apontam para o papel que os meios de comunicação, as empresas de tecnologia e até mesmo os sistemas educacionais desempenham na formação da percepção pública. Como muitos dos participantes das reuniões são líderes nessas áreas, teoriza-se que as discussões no clube possam incluir maneiras de influenciar a forma como as pessoas pensam, consomem e votam.

Essas alegações frequentemente incluem o conceito de que os avanços na tecnologia — como a coleta de dados em massa, os algoritmos de redes sociais e o uso crescente de inteligência artificial — são usados como ferramentas para manipular a opinião pública, suprimir o pensamento crítico e promover conformidade social com as agendas da elite.

UMA DAS TEORIAS MAIS PREVALENTES SOBRE O CLUBE DE BILDERBERG É QUE ELE SERVE COMO UMA PLATAFORMA PARA A COORDENAÇÃO DE POLÍTICAS DE CONTROLE SOCIAL EM ESCALA GLOBAL.

Críticas e a realidade

Embora as teorias sobre o controle social e o sequestro da consciência associadas ao Clube de Bilderberg tenham ganhado popularidade, faltam provas concretas que validem essas alegações. Muitos dos participantes negam que tais conspirações existam, e acadêmicos que estudaram o clube sugerem que suas discussões são mais focadas em temas econômicos e políticos globais que afetam diretamente os países participantes, e não em controlar a população mundial.

A ausência de transparência, no entanto, alimenta o ceticismo. A falta de documentação pública ou cobertura da mídia sobre os detalhes dos encontros reforça a ideia de que algo sinistro pode estar sendo planejado. Mesmo que os objetivos do clube não envolvam conspirações globais, a percepção pública é de que o poder concentrado e a tomada de decisões em segredo são perigosos para a democracia.

O Clube de Bilderberg continua a ser uma enigmática reunião de elites globais, o que o torna um alvo fácil para teorias de conspiração. Embora as alegações de controle social e sequestro da consciência sejam tentadoras, elas carecem de evidências sólidas. Contudo, a crítica mais válida ao clube é a falta de transparência em um mundo onde decisões que afetam a população global devem, em teoria, ser tomadas de forma aberta e democrática. A questão central é se uma minoria poderosa deve ou não ter o direito de influenciar decisões globais sem o escrutínio público — um debate que transcende as teorias da conspiração e vai ao cerne da governança global.

CLUBE DE ROMA E FÓRUM ECONÔMICO MUNDIAL: CONTROLE SOCIAL E SEQUESTRO DA CONSCIÊNCIA?

Nos debates contemporâneos sobre governança global, o **Clube de Roma** e o **Fórum Econômico Mundial (FEM)** estão no centro de diversas críticas e teorias da conspiração, que frequentemente os associam a estratégias de controle social e sequestro da consciência. Ambos os grupos, com suas respectivas influências em questões globais, têm sido acusados de promover agendas ocultas que visam moldar os rumos econômicos, sociais e ambientais do mundo.

Clube de Roma: alerta ou manipulação?

O Clube de Roma foi fundado em 1968 e é amplamente conhecido por seu relatório seminal de 1972, *Os limites do crescimento*, que advertia sobre os perigos do crescimento econômico e populacional desenfreado em um planeta com recursos limitados. O relatório, que utilizava modelos computacionais para prever cenários de colapso econômico e ambiental, deu início a um debate global sobre sustentabilidade e governança ecológica.

Alegações de controle social

Críticos argumentam que o Clube de Roma, com seu foco no controle populacional e na sustentabilidade, defende uma forma de autoritarismo ecológico. Eles acusam a organização de usar o medo do colapso ambiental como uma justificativa para a implementação de políticas que limitariam as liberdades individuais e o crescimento econômico, especialmente nos países em desenvolvimento. Há quem sugira que as propostas do clube não tenham tanto interesse em salvar o planeta, mas sim em concentrar o poder nas mãos de uma elite global.

As teorias mais extremas sugerem que o Clube de Roma é parte de um movimento maior para impor um governo global tecnocrático, em que as decisões cruciais sobre economia, meio ambiente e direitos sociais sejam tomadas por uma pequena elite que estaria desconectada das preocupações da maioria da população. Essa visão encara o clube como um agente de controle social por meio do medo — o medo da catástrofe ambiental, que estaria sendo usado para restringir direitos civis e econômicos.

Realidade ou conspiração?

Embora essas críticas tenham ganhado força, a maior parte das ações e recomendações do Clube de Roma se concentra na necessidade de uma governança mais eficaz para evitar danos irreparáveis ao planeta. A visão de que a organização promove um controle social global é exagerada, embora a ênfase em limitar o crescimento econômico e populacional possa ser interpretada como uma forma de controle indireto.

Fórum Econômico Mundial: elites moldando o futuro?

O **Fórum Econômico Mundial** (FEM), fundado por Klaus Schwab em 1971, é uma organização que reúne líderes empresariais, políticos e intelectuais de todo o mundo para discutir questões econômicas e políticas globais. O FEM é mais conhecido por seu encontro anual em Davos, Suíça, onde a elite global se reúne para debater os desafios globais e as soluções para um futuro mais sustentável e justo.

O Grande Reset e teorias de controle social

Nos últimos anos, o FEM tem sido alvo de uma onda de críticas, particularmente em torno de seu conceito de **Grande Reset**, anunciado em 2020. O Grande Reset propõe uma reestruturação dos sistemas econômicos e sociais em resposta à pandemia de Covid-19 e às crises ambientais e econômicas que o mundo enfrenta. A proposta inclui a reformulação do capitalismo, com maior ênfase na sustentabilidade, na equidade social e na cooperação global.

No entanto, críticos interpretam o Grande Reset como uma tentativa de controle social em escala global. Eles alegam que o FEM está promovendo uma agenda que centraliza o poder nas mãos de corporações e governos, ao mesmo tempo que restringe as liberdades individuais e impõe uma nova forma de capitalismo — o **capitalismo de stakeholders** —, que beneficia a elite em detrimento do cidadão comum. Essa narrativa sugere que o Fórum Econômico Mundial utiliza crises globais, como a pandemia de Covid-19 e as mudanças climáticas, para implementar políticas que reduzem a autonomia das nações e dos indivíduos.

A ideia é que o FEM utilizaria a mídia, as redes sociais e as plataformas digitais para moldar a opinião pública e direcionar as narrativas no rumo das soluções que propõe.

O uso de frases como "Você não terá nada e será feliz", popularizada em torno das discussões de Davos, é visto por críticos como um exemplo de como o FEM estaria tentando reprogramar a maneira como as pessoas encaram a propriedade, a liberdade econômica e a própria felicidade.

CRÍTICOS INTERPRETAM O GRANDE RESET COMO UMA TENTATIVA DE CONTROLE SOCIAL EM ESCALA GLOBAL.

Uma visão mais equilibrada

Embora o Fórum Econômico Mundial certamente tenha um papel significativo na modelagem das conversas globais, as alegações de controle social em larga escala são exageradas. Muitas das propostas do FEM, como o Grande Reset, são discutidas abertamente e envolvem debates entre múltiplos setores da sociedade. No entanto, a questão que preocupa críticos legítimos é o grau de influência que uma pequena elite, representada pelos frequentadores de Davos, pode ter sobre decisõ8es que afetam bilhões de pessoas.

O USO DE FRASES COMO "VOCÊ NÃO TERÁ NADA E SERÁ FELIZ", POPULARIZADA EM TORNO DAS DISCUSSÕES DE DAVOS, É VISTO POR CRÍTICOS COMO UM EXEMPLO DE COMO O FEM ESTARIA TENTANDO REPROGRAMAR A MANEIRA COMO AS PESSOAS ENCARAM A PROPRIEDADE, A LIBERDADE ECONÔMICA E A PRÓPRIA FELICIDADE.

***

O **Clube de Roma** e o **Fórum Econômico Mundial** são alvos fáceis para teorias da conspiração, em virtude de sua composição elitista e da natureza de suas discussões, muitas vezes a portas fechadas. Embora as alegações de controle social e sequestro da consciência sejam difíceis de sustentar com evidências concretas, ambas as organizações têm uma influência significativa sobre o discurso global e as políticas propostas para enfrentar os desafios do século 21.

O verdadeiro dilema reside na falta de transparência e na concentração de poder que essas organizações parecem representar. Mesmo que suas intenções sejam genuínas, a forma como essas decisões são discutidas e implementadas levanta questões sobre a governança global e o papel das elites no direcionamento do futuro da humanidade. Assim, embora a retórica de controle social possa ser exagerada, a necessidade de escrutínio público e participação democrática nas decisões globais permanece essencial.

CAPÍTULO 8

O CAMINHO PARA A DESPROGRAMAÇÃO E A RESISTÊNCIA MENTAL

O controle do pensamento e o sequestro da consciência podem parecer forças intransponíveis, mas a história e a psicologia nos mostram que a mente humana tem uma incrível capacidade de resistência e reprogramação.

DESCONSTRUINDO NARRATIVAS

O poder da pergunta

Uma das formas mais eficazes de desprogramação mental é a prática de questionar constantemente as narrativas que nos são apresentadas. Perguntar *por quê?* e *como?* é uma maneira poderosa de desmascarar as simplificações e distorções nas mensagens que recebemos. A capacidade de questionar é fundamental para desmantelar as metanarrativas que sustentam ideologias manipuladoras.

Um exemplo histórico de como a prática de questionar pode desmantelar uma narrativa dominante é a Revolução Científica do século 17, liderada por figuras como o astrônomo e físico italiano Galileu Galilei. Naquela época, a Igreja Católica promovia a ideia de que a Terra era o centro do universo, uma narrativa que dominava a ciência e a cultura ocidentais. Galileu, porém, questionou essa visão ao observar os céus com seu telescópio e descobrir que os corpos celestes não se moviam de acordo com as previsões do modelo geocêntrico.

Ao aplicar a observação empírica e o questionamento sistemático, ele desafiou a narrativa dominante, o que eventualmente levou a uma reavaliação fundamental de nosso entendimento do cosmos. Seu exemplo mostra que o ato de questionar, mesmo em face de oposição significativa, pode ser o primeiro passo para desprogramar uma narrativa falsa ou enganosa.

Método socrático

A prática conhecida como técnica socrática, originada da filosofia de Sócrates, consiste em um processo de diálogo baseado em perguntas estratégicas, destinado a incitar o pensamento crítico e a promover uma compreensão mais profunda de questões complexas. Esse método, que desafia suposições e explora conceitos em sua essência, é uma poderosa ferramenta para desmascarar inconsistências e esclarecer pontos de vista. A seguir, discutiremos como o método socrático pode ser aplicado, com exemplos práticos para demonstrar sua eficácia.

O que é o método socrático?

A técnica socrática é um estilo de diálogo investigativo, em que uma sequência de perguntas provoca reflexões que permitem ao interlocutor explorar e, por vezes, reavaliar as próprias crenças. Em vez de oferecer respostas prontas, o objetivo é incentivar a pessoa a questionar suas certezas e considerar diferentes perspectivas.

Principais objetivos do método socrático

- Desafiar suposições: explorar crenças fundamentais que possam passar despercebidas.
- Promover o pensamento crítico: estimular uma análise mais cuidadosa e reflexiva sobre as ideias.

- Clarificar conceitos: tornar mais precisos os significados e as posições defendidas.
- Fomentar a autodescoberta: permitir que as conclusões sejam alcançadas por meio do próprio raciocínio.

Aplicando o método socrático

Para utilizar a técnica socrática com eficácia, é importante adotar alguns princípios básicos:

1. Formule perguntas simples e claras – As questões devem ser diretas, permitindo que o interlocutor se concentre nas respostas sem se perder em complexidades desnecessárias.
   Exemplo
   Situação: Uma pessoa defende que "o governo deve controlar completamente a economia para o bem de todos".
   Pergunta: "Como você define 'controle total' da economia? Quais seriam as consequências práticas dessa medida?"

2. Investigue as implicações – Questione as implicações práticas ou lógicas de uma crença ou afirmação. Isso pode revelar contradições ou lacunas que o interlocutor não havia considerado.
   Exemplo
   Situação: Alguém diz que "se todos tivessem a mesma renda, o mundo seria mais justo".
   Pergunta: "Como essa igualdade de renda afetaria a motivação individual para se esforçar e inovar?"

3. Desafie as premissas – Identifique e questione as premissas implícitas nas afirmações. Muitas vezes, as pessoas aceitam ideias sem examinar os pressupostos que as sustentam.

Exemplo
Situação: Alguém afirma que "as pessoas ricas são naturalmente gananciosas".
Pergunta: "Por que a riqueza é necessariamente associada à ganância? Não seria possível que algumas pessoas ricas ajudem os outros com seus recursos?"

4. Use perguntas de profundidade – As perguntas de seguimento permitem explorar mais detalhadamente as respostas dadas. Elas ajudam a conduzir o diálogo para um nível mais profundo de reflexão.
Exemplo
Situação: Alguém responde que "a maioria dos ricos que conheço só pensa em acumular mais".
Pergunta de seguimento: "Será que essa percepção é influenciada pelas suas experiências pessoais? Como podemos determinar se isso é válido para todos os ricos?"

5. Deixe espaço para reflexão – O silêncio pode ser uma parte importante do diálogo socrático, dando tempo para que o interlocutor pense antes de responder. Isso enriquece o processo de reflexão.
Exemplo
Situação: Após perguntar: "Qual seria a melhor maneira de lidar com a desigualdade social?", permita um momento de pausa para que a pessoa reflita profundamente.

Exemplos práticos da técnica socrática
Exemplo 1: educação
Situação: Uma professora acredita que a memorização é o melhor método de ensino.

Diálogo socrático
Pergunta: "Por que você acredita que memorizar é a maneira mais eficaz de aprender?"
Resposta: "Os alunos precisam lembrar as informações para passar nos exames."
Pergunta de seguimento: "Será que a capacidade de recordar informações para uma prova significa que eles realmente entenderam o conteúdo?"
Objetivo: Incentivar a professora a refletir sobre a diferença entre memorização e compreensão e a considerar métodos de ensino que promovam a aprendizagem significativa.

Exemplo 2: política
Situação: Um eleitor apoia um político populista porque "ele fala a verdade".
Diálogo socrático
Pergunta: "O que você quer dizer com 'falar a verdade'? Como você verifica que o que ele diz é realmente verdade?"
Resposta: "Ele fala de forma simples e direta, diferente dos outros políticos."
Pergunta de seguimento: "A simplicidade no discurso é suficiente para garantir a veracidade de suas afirmações?"
Objetivo: Levar o eleitor a questionar a autenticidade das declarações do político e a refletir sobre a importância da verificação de fatos.

Exemplo 3: moralidade
Situação: Uma pessoa diz que "é sempre errado mentir".
Diálogo socrático
Pergunta: "Por que você acredita que mentir é sempre errado?"
Resposta: "Porque mentir destrói a confiança."
Pergunta de seguimento: "E se mentir pudesse proteger alguém de um mal maior, como salvar uma vida?"
Objetivo: Explorar a ideia de que as circunstâncias podem afetar a moralidade de uma ação e ajudar a pessoa a refletir sobre dilemas éticos.

Benefícios do método socrático

- Desenvolver o pensamento crítico: estimula a análise rigorosa das crenças e a identificação de falácias ou contradições.
- Fomentar a autonomia intelectual: incentiva a construção de conclusões próprias, em vez da aceitação passiva das opiniões dos outros.
- Enriquecer o diálogo: cria um ambiente de discussão honesta e aberta, em que a busca pela verdade é o objetivo principal.

A técnica socrática é uma abordagem valiosa para o desenvolvimento de uma compreensão mais profunda e para desafiar crenças preconcebidas. Incorporando perguntas socráticas em diálogos cotidianos, podemos não apenas esclarecer nossas próprias ideias, mas também ajudar os outros a refletirem sobre as suas. Em uma época marcada pela desinformação e pelo controle ideológico, o método socrático destaca-se como um meio essencial para promover a liberdade intelectual e a busca da verdade.

CULTIVANDO O PENSAMENTO CRÍTICO

A importância da diversidade de fontes

Uma das maneiras mais eficazes de resistir ao sequestro da consciência é cultivar o pensamento crítico, que começa com o hábito de buscar ativamente uma diversidade de fontes de informação. Quando expande suas fontes de conhecimento, você diminui a probabilidade de ser capturado por uma única narrativa manipuladora.

O Movimento Iluminista

O Iluminismo, movimento intelectual que floresceu no século 18, nasceu da convicção de que o uso pleno da razão humana e a troca de ideias diversas poderiam impulsionar o progresso da humanidade. Filósofos como Voltaire, Rousseau e Kant se destacaram ao advogar pelo exercício do pensamento crítico e pela importância de questionar as autoridades e tradições até então inquestionáveis. Eles se valeram de uma ampla gama de saberes, incluindo a ciência, a filosofia e a literatura, para contestar as doutrinas religiosas e os sistemas políticos vigentes.

Esse movimento desempenhou um papel fundamental na derrubada de estruturas de poder repressoras, promovendo ideais como a liberdade, a igualdade e os direitos humanos, princípios que continuam a influenciar profundamente as sociedades contemporâneas. O Iluminismo mostra como a busca por múltiplas perspectivas e a prática constante da crítica podem libertar o pensamento das amarras da manipulação e do controle.

Curadoria de informação

Não se limite a consumir informações por meio de jornais e outras mídias tradicionais de comunicação. Em sua grande maioria, os meios de comunicação precisam vender notícia e vão permitir que você saiba somente o que seja conveniente para eles. Para aplicar essa técnica em sua vida, comece a diversificar suas fontes de informação:

- Leia jornais e revistas de diferentes espectros políticos e ideológicos.
- Siga pensadores, cientistas e escritores que apresentam perspectivas diversas.
- Participe de debates e fóruns onde opiniões diferentes são discutidas.
- Considere fontes internacionais para obter uma perspectiva global sobre os eventos.

Ao expor-se a uma ampla gama de ideias e informações, você fortalece sua capacidade de analisar criticamente o que lê e ouve, tornando-se menos suscetível à manipulação.

O ILUMINISMO MOSTRA COMO A BUSCA POR MÚLTIPLAS PERSPECTIVAS E A PRÁTICA CONSTANTE DA CRÍTICA PODEM LIBERTAR O PENSAMENTO DAS AMARRAS DA MANIPULAÇÃO E DO CONTROLE.

Desenvolvendo a autoconsciência

A reflexão pessoal como defesa

Autoconsciência é a capacidade de reconhecer as próprias emoções, pensamentos e padrões de comportamento. Quando você se torna autoconsciente, é mais fácil identificar quando está sendo manipulado ou influenciado por uma narrativa externa. A autoconsciência é, portanto, uma defesa poderosa contra o sequestro da consciência. Autoconsciência expandida leva ao entendimento do "o quê", do "como" e do "por quê" — ou seja, dos jogos e dos interesses ocultos por trás de tudo. Compreenda que cada notícia produz sentimentos em você. É através do entendimento do sentimento que você pode também captar o que está ocorrendo.

Nelson Mandela e a reflexão pessoal

Nelson Mandela, ativista e político sul-africano que ficou conhecido pela luta contra o apartheid na África do Sul, utilizou a autoconsciência como uma ferramenta para resistir à opressão mental durante os 27 anos em que esteve na prisão. Em suas memórias, Mandela descreve como passou horas refletindo sobre sua vida, seus valores e a luta contra a segregação racial. Essa prática de introspecção o ajudou a manter sua integridade e seu propósito, mesmo quando o regime sul-africano tentou desmoralizá-lo e destruí-lo psicologicamente.

Mandela emergiu da prisão com uma clareza de propósito que lhe permitiu liderar seu país rumo à reconciliação, em vez de à vingança. Sua história exemplifica como a reflexão pessoal pode ajudar a proteger a mente contra tentativas de controle e manipulação.

Diário de reflexão

Para cultivar a autoconsciência, considere manter um diário de reflexão. Use-o para documentar seus pensamentos, sentimentos e reações aos eventos diários.

Pergunte a si mesmo:
- O que estou sentindo e por quê?
- Como as informações que recebo estão influenciando minhas emoções e pensamentos?
- Quais são meus valores e como eles estão sendo desafiados ou reforçados?
- Estou sendo coerente com meus princípios ou estou cedendo à pressão externa?

Revisite suas anotações regularmente para identificar padrões e entender melhor como você está sendo influenciado por forças externas. Esse processo de autoconsciência pode fortalecer sua resistência mental e ajudar a desprogramar influências negativas.

Criando comunidades de resistência

A força do coletivo

Embora o pensamento crítico e a autoconsciência sejam ferramentas poderosas, a resistência mental é amplificada quando compartilhada em comunidade. Criar ou participar de grupos que valorizam a diversidade de pensamento e o diálogo aberto é uma maneira eficaz de resistir à manipulação mental.

Os salões literários do Iluminismo

Durante o período do Iluminismo, os salões literários na França e em outras partes da Europa tornaram-se importantes espaços de discussão e intercâmbio intelectual. Nesses encontros, pensadores, escritores e filósofos de diversas formações se reuniam para debater sobre ciência, política, religião e arte. Esses salões funcionavam como bastiões de resistência ao controle ideológico e à censura, proporcionando um ambiente no qual as ideias podiam ser livremente discutidas, aprimoradas e propagadas.

Além de promover a circulação de novas perspectivas, esses encontros criaram uma rede de apoio intelectual que ajudava a resguardar seus membros do isolamento e da repressão. A união desses indivíduos em torno de um objetivo comum permitiu que as ideias do Iluminismo ganhassem força, abrindo caminho para transformações políticas e sociais que mudariam o rumo da história.

Grupos de discussão e estudos

Hoje, você pode criar ou participar de grupos de discussão ou círculos de estudos que promovam o diálogo aberto e a troca de ideias. Algumas sugestões incluem:
- Forme um grupo de leitura com amigos ou colegas para discutir livros que exploram diferentes perspectivas sobre temas importantes.
- Participe de debates ou workshops em sua comunidade local ou on-line.
- Envolva-se em grupos de ativismo que defendem a liberdade de expressão e o pensamento crítico.

Esses espaços podem servir como baluartes contra a conformidade mental, oferecendo apoio e encorajamento para o pensamento independente.

Praticando a desobediência civil e a dissidência pacífica

O poder da ação não violenta

A resistência pacífica e a desobediência civil são estratégias de contestação que têm o poder de desafiar estruturas de opressão e manipulação mental. Por meio de ações pacíficas, mas decididas, as pessoas podem expor injustiças e catalisar transformações sociais e políticas.

Martin Luther King Jr. e o movimento pelos direitos civis

Martin Luther King Jr. usou a desobediência civil como uma tática essencial na luta pelos direitos civis nos Estados Unidos no século 20. Inspirado pelos ensinamentos de Mahatma Gandhi, King liderou marchas, boicotes e outros atos de protesto não violento contra as leis que institucionalizavam a segregação racial. Essas ações tornaram visível a crueldade do racismo institucionalizado, mobilizando a opinião pública em prol da justiça racial.

A desobediência civil, para King, não era apenas uma recusa a se submeter a leis injustas, mas também uma maneira de reprogramar o pensamento coletivo, forçando a sociedade a confrontar suas contradições e desigualdades. O movimento dos direitos civis demonstrou que a resistência não violenta pode ser uma ferramenta eficaz para a transformação tanto mental quanto social.

Formas de ativismo pacífico

Existem várias maneiras de incorporar a dissidência pacífica e a desobediência civil no cotidiano:
- Participe de manifestações e protestos pacíficos que defendam causas justas e humanitárias.

- Recuse-se a apoiar ou se envolver em práticas que violem seus princípios éticos, mesmo que isso implique desafios pessoais.
- Use suas plataformas digitais para conscientizar outras pessoas sobre questões relevantes, sempre mantendo um discurso equilibrado e respeitoso.

Essas ações podem contribuir para a desconstrução de padrões mentais opressores, tanto em você mesmo quanto nos outros, criando um ambiente em que a busca por justiça, liberdade e igualdade seja uma prioridade constante.

CAPÍTULO 9

ESTRATÉGIAS PARA VENCER UM SISTEMA OPRESSOR

Enfrentar um sistema opressor pode parecer uma tarefa monumental. Não importa de que lado esse sistema seja — direita, esquerda ou centro: os sistemas opressores buscam controlar a mente e o comportamento das pessoas e são frequentemente sustentados por poderosas forças políticas, jurídicas, econômicas e culturais. No entanto, a história está repleta de exemplos de indivíduos e movimentos que, através de estratégias inteligentes, perseverança e coragem, conseguiram desmantelar ou reformar tais sistemas.

ENTENDENDO O SISTEMA: CONHECIMENTO COMO PODER

Análise crítica do sistema

O primeiro passo para vencer um sistema opressor é compreendê-lo profundamente. Isso requer uma análise crítica de como o sistema opera, quais são suas fraquezas e quais forças o sustentam. Entender o sistema é crucial para identificar os pontos de pressão onde a resistência pode ser mais eficaz.

A Revolução Francesa

Antes de desmantelar a monarquia, os revolucionários franceses se engajaram em uma análise detalhada das engrenagens de poder que mantinham o Antigo Regime. Filósofos e escritores, como Voltaire,

Rousseau e Montesquieu, não apenas criticaram os abusos da monarquia, da aristocracia e da Igreja, mas também revelaram as profundas desigualdades e opressões enraizadas no sistema. Suas ideias se espalharam como faíscas entre o povo, alimentando um fervor revolucionário que culminaria nos eventos de 1789.

A Revolução Francesa é um exemplo poderoso de como a disseminação do conhecimento crítico e a análise consciente de um regime opressor podem armar a população com a coragem necessária para desafiar e subverter um sistema injusto.

O PRIMEIRO PASSO PARA VENCER UM SISTEMA OPRESSOR É COMPREENDÊ-LO PROFUNDAMENTE.

Mapeamento de poder

Para aplicar essa técnica em sua vida, comece a mapear o sistema que você deseja desafiar:

- Identifique as principais instituições e figuras que mantêm o poder — os líderes de partido e quem os sustenta.
- Investigue que tipo interesse existe nas relações entre essas instituições ou figuras com o judiciário de alto escalão.
- Descubra onde estão as "chantagens que calam as pessoas" capazes de fazer frente à opressão. Sistemas opressores são baseados em chantagens. Se, por exemplo, uma alta corte resolve investigar qualquer pequeno erro de um deputado, ela pode usar informações e efeitos como meio de calar políticos e mantê-los a favor de um sistema opressor, ou vice-versa — e esquemas semelhantes podem acontecer em diversas esferas.

- A chantagem com gravações, documentos e outras provas é um elemento crucial para dominar vozes.
- Investigue as leis, normas e práticas que sustentam o sistema.
- Descubra as fontes de financiamento. Nenhum sistema opressor se autofinancia sem o apoio de grupos ou mesmo outras nações com alto poder econômico.
- Descubra se o crime organizado ou movimentos sociais paralelos estão suportando o sistema.
- Mapeie toda a classe artística, pois o sistema vende ideais e "mordomias" por meio de incentivos e patrocínios, atingindo aqueles com menor nível de consciência.
- Mapeie líderes religiosos que possam estar oferecendo apoio em troca de favores.
- Entenda a teia de influência que sustenta o líder maior. Quando o líder maior cai e a teia não é desmantelada, outro vem, dando sobrevida ao sistema.
- Mapeie como a rede infiltra pessoas que chegam ao povo.
- Descubra as fontes de legitimidade do sistema (econômicas, culturais, religiosas etc.).

Esse mapeamento ajuda a entender o que precisa ser mudado e onde os esforços de resistência podem ser mais eficazes.

Mobilização inteligente: construindo uma base sólida

Organizando-se para o impacto

A mobilização é um elemento-chave para vencer um sistema opressor. No entanto, não se trata apenas de reunir o maior número de pessoas possível; trata-se de organizar e direcionar essa mobilização de maneira inteligente e estratégica. Movimentos de sucesso são aqueles que conseguem construir uma base sólida de apoio e mobilizar essa base de forma eficiente.

O Movimento dos Direitos Civis nos Estados Unidos

O Movimento dos Direitos Civis, liderado por figuras como Martin Luther King Jr. e Rosa Parks, não foi apenas uma série de protestos espontâneos; foi o resultado de uma organização meticulosa. Igrejas, sindicatos e grupos de base foram mobilizados para participar em boicotes, marchas e ações de desobediência civil que desafiaram as leis segregacionistas. O boicote aos ônibus de Montgomery, que durou mais de um ano, é um exemplo de como a mobilização estratégica e sustentada pode pressionar um sistema opressor a mudar.

O sucesso do Movimento dos Direitos Civis foi baseado em uma mobilização inteligente, cujas ações foram planejadas para maximizar o impacto e manter a coesão entre os participantes.

Construção de coalizões

Para aplicar essa técnica, considere os seguintes passos:
- Identifique aliados potenciais em sua luta. Isso pode incluir grupos comunitários, ONGs, sindicatos e até organizações internacionais.
- Estabeleça uma rede de comunicação eficaz entre esses grupos para coordenar ações e compartilhar recursos.
- Desenvolva um plano de ação conjunto que defina metas claras e estratégias para alcançá-las.
- Crie uma teia de comando com diversas pessoas sendo sucessores.
- Construa um núcleo de liderança que possa tomar decisões rapidamente e responder a mudanças no ambiente político ou social.
- Identifique, dentro do sistema opressor, as vozes caladas ou chantageadas, para que sirvam como apoio.

A construção de coalizões amplas e diversificadas aumenta a resiliência do movimento e permite enfrentar o sistema opressor em múltiplas frentes.

Resistência criativa: usando a inovação para subverter o sistema

A importância da criatividade na resistência

A criatividade é uma ferramenta poderosa para subverter sistemas opressores. Movimentos que conseguem introduzir elementos criativos em suas táticas de resistência frequentemente confundem o sistema, gerando novas oportunidades de ação e engajamento.

A Revolução de Veludo na Tchecoslováquia

A Revolução de Veludo, que culminou no colapso do regime comunista na Tchecoslováquia em 1989, destacou-se por sua natureza pacífica e criativa. Sob a liderança de figuras como Václav Havel, intelectuais e artistas empregaram estratégias não convencionais, como o uso de símbolos culturais, humor e performances artísticas, para unir a população e enfraquecer a legitimidade do regime. O movimento se manifestou através de eventos culturais como concertos e peças de teatro, que capturaram a atenção popular e expuseram as falhas do sistema.

Essa abordagem inovadora não apenas aumentou o alcance do movimento, mas também dificultou a repressão violenta pelo regime, já que os protestos evitavam a confrontação direta tradicional.

Guerrilha cultural

Para aplicar a resistência criativa, considere as seguintes estratégias:
- Utilize arte, música e performances para expressar a resistência de maneiras que capturem a imaginação das pessoas e que sejam difíceis de reprimir diretamente. A arte tem natureza subversiva e pode encontrar adeptos à resistência.
- Desenvolva campanhas de "guerrilha cultural" que utilizem humor, ironia e símbolos populares para destacar as falhas e injustiças do sistema opressor.

- Crie conteúdo viral com memes e "cortes" de vídeos que possam ser compartilhados nas redes sociais para amplificar a mensagem do movimento.
- Infiltre-se em eventos culturais ou esportivos para introduzir mensagens de resistência de forma inesperada.
- Use símbolos que promovam identificação com a causa e constrangimento ao sistema opressor.

Essas táticas criativas podem ajudar a desestabilizar o sistema opressor e angariar apoio popular para a causa.

Utilizando as novas tecnologias: ampliando o alcance da resistência

O papel da tecnologia na resistência

A tecnologia tem o potencial de amplificar a resistência contra sistemas opressores, oferecendo novas ferramentas para a comunicação, a organização e a mobilização. As redes sociais, as plataformas de *crowdfunding* (financiamento coletivo) e as ferramentas de comunicação criptografadas são apenas algumas das inovações que podem ser utilizadas para desafiar o *status quo*.

A Primavera Árabe

A Primavera Árabe, que eclodiu em 2010, ilustrou de forma marcante o impacto da tecnologia na organização e mobilização de movimentos contra regimes autoritários. Ferramentas digitais como Facebook, Twitter e YouTube desempenharam um papel central ao facilitar a coordenação dos protestos, divulgar informações e expor as violações de direitos cometidas pelos governos. Em países como Tunísia e Egito, essas plataformas foram cruciais para reunir pessoas de diversas origens em torno de um objetivo comum: a queda de governos repressivos.

Embora os resultados da Primavera Árabe tenham sido variados, o uso estratégico das novas tecnologias provou o imenso potencial da era digital para conectar e mobilizar milhões de pessoas em prol de mudanças significativas.

Ativismo digital

Para utilizar a tecnologia em sua estratégia de resistência, considere as seguintes abordagens:
- Utilize as redes sociais para organizar e coordenar protestos e ações, garantindo que as informações sejam disseminadas rapidamente e que as pessoas estejam cientes dos eventos em tempo real.
- Use plataformas de *crowdfunding* para financiar atividades de resistência e apoiar aqueles que são perseguidos pelo sistema.
- Proteja as comunicações sensíveis usando aplicativos de mensagens protegidos da vigilância.
- Crie campanhas digitais que possam viralizar e atrair a atenção da mídia internacional, ampliando a pressão sobre o sistema opressor.
- Considere o uso de *hackers*, caso também sejam empregados pelo sistema opressor sendo combatido.

A tecnologia pode ser uma ferramenta poderosa para amplificar a resistência, mas é importante usá-la de maneira estratégica e consciente dos riscos, como a vigilância e a repressão digital.

Sabotagem pacífica: minando o funcionamento do sistema

Sabotagem como forma de resistência

A sabotagem pacífica é uma técnica utilizada para minar o funcionamento de um sistema opressor sem recorrer à violência. Ao interromper ou desacelerar os mecanismos do sistema, os resistentes podem criar disfunções que expõem as fraquezas do sistema e aumentam os custos de sua manutenção.

A sabotagem na Segunda Guerra Mundial

Durante a Segunda Guerra Mundial, movimentos de resistência em países como a França e a Polônia encontraram maneiras criativas e não violentas de enfraquecer o esforço de guerra nazista. Por meio da sabotagem silenciosa, eles comprometeram o funcionamento de ferrovias, fábricas e comunicações militares, interrompendo as operações sem o uso de violência direta. Esses atos, muitas vezes discretos, causaram desordem significativa nas estratégias alemãs, ajudando a desgastar o regime nazista.

Esse tipo de sabotagem mostrou como gestos aparentemente pequenos, quando bem orquestrados, podem gerar grandes impactos em regimes opressores e estruturas de poder.

Atos de sabotagem não violentos

Para aplicar a sabotagem pacífica, considere as seguintes táticas:
- Organize boicotes contra empresas ou instituições que sustentam o sistema opressor, reduzindo seu poder econômico.
- Utilize *slowdowns* ou greves de braços cruzados para reduzir a eficiência de operações-chave sem recorrer à violência.
- Espalhe informações que exponham a corrupção ou as falhas do sistema, minando a legitimidade dele aos olhos do público.
- Interfira nas operações do sistema de maneiras que atrasem ou impeçam sua eficácia, como criar congestionamentos digitais ou burocráticos.
- Considere o dia em que todos param. Nenhum sistema suporta "todos pararem".

Esses atos de sabotagem pacífica podem ajudar a desestabilizar o sistema e forçá-lo a enfrentar as próprias contradições e ineficiências.

DURANTE A SEGUNDA GUERRA MUNDIAL, MOVIMENTOS DE RESISTÊNCIA EM PAÍSES COMO A FRANÇA E A POLÔNIA ENCONTRARAM MANEIRAS CRIATIVAS E NÃO VIOLENTAS DE ENFRAQUECER O ESFORÇO DE GUERRA NAZISTA.

Mantendo a moral: resiliência psicológica e comunitária

A importância da resiliência

Manter o moral elevado e a resiliência psicológica é crucial em qualquer luta contra um sistema opressor. A resistência prolongada pode ser desgastante, e o sistema muitas vezes tentará esmagar a vontade dos resistentes por meio da repressão, da propaganda ou do isolamento. A resiliência, tanto individual quanto comunitária, é essencial para sustentar a luta a longo prazo.

O Movimento Solidariedade na Polônia

O Movimento Solidariedade na Polônia, sob a liderança de Lech Wałęsa, enfrentou uma repressão severa nos anos 1980, mas conseguiu preservar a união e o ânimo por meio de uma resiliência comunitária impressionante. Através de redes de apoio, do papel fundamental das igrejas e de uma imprensa clandestina, o Solidariedade manteve seus integrantes informados e inspirados, mesmo sob constante perseguição do governo comunista. Essa capacidade de resistência permitiu que o movimento superasse o período da lei marcial e, posteriormente, desempenhasse um papel crucial na queda do regime comunista na Polônia.

O Movimento Solidariedade evidenciou que a resiliência é uma poderosa ferramenta contra a opressão, mantendo viva a chama da esperança e a força de vontade daqueles que lutam pela liberdade.

Construção de redes de apoio

Para fortalecer a resiliência, aplique as seguintes práticas:

- Crie redes de apoio entre os participantes da resistência, oferecendo ajuda emocional, financeira e logística quando necessário.
- Desenvolva sistemas de comunicação seguros para manter o grupo unido e informado, mesmo sob repressão.
- Celebre pequenas vitórias e marcos para manter o moral elevado e reforçar o senso de progresso.
- Promova a cultura de autocuidado e apoio mútuo, garantindo que os participantes estejam física e emocionalmente bem para continuar a luta.

Manter o moral alto e a resiliência é fundamental para sustentar a luta a longo prazo e garantir que o movimento possa continuar a desafiar o sistema opressor, mesmo diante de adversidades.

CAPÍTULO 10

QUEBRANDO UM SISTEMA OPRESSOR COM PODERES CONSPIRATÓRIOS

Enfrentar um sistema opressor, em que o judiciário, o sistema eleitoral, o congresso e parte das forças militares estão alinhados em um esforço conjunto de controle e repressão, é uma tarefa extremamente desafiadora.

Quando as instituições que deveriam proteger a democracia e os direitos dos cidadãos estão corrompidas ou são coniventes com a opressão, as táticas de resistência precisam ser ainda mais criativas, estratégicas e resilientes.

INFILTRAÇÃO E EXPOSIÇÃO: REVELANDO A VERDADE

O papel da infiltração

Quando as instituições de poder estão alinhadas em um sistema opressor, a infiltração pode ser uma técnica poderosa para minar a coesão do sistema por dentro. Isso envolve a inserção de indivíduos ou grupos que compartilham dos ideais da resistência em posições estratégicas dentro do governo, do judiciário, das forças militares e de outros órgãos de poder.

A queda do Muro de Berlim

Um exemplo notável de infiltração e subversão interna foi a queda do Muro de Berlim, em 1989. A resistência na Alemanha Oriental não se limitou às ruas; houve uma infiltração significativa em várias camadas do governo, quando burocratas e até militares se cansaram do regime repressivo e começaram a sabotar suas operações por dentro. Ao mesmo tempo, a pressão internacional e a crescente insatisfação popular expuseram as fraquezas do sistema.

A infiltração ajudou a facilitar o colapso do sistema repressivo da Alemanha Oriental, mostrando que minar a confiança e a coesão dentro de um regime pode ser crucial para sua queda.

Identificação de aliados internos

Para aplicar a infiltração como estratégia, considere os seguintes passos:
- Identifique e recrute aliados que já estejam dentro do sistema, como funcionários públicos, militares ou membros do judiciário, que simpatizem com a causa.
- Desenvolva uma rede segura de comunicação para coordenar ações entre os infiltrados e os movimentos externos.
- Conquiste apoio internacional que esteja próximo ao sistema.
- Utilize esses aliados para obter informações críticas sobre as operações do sistema e para plantar sementes de dúvida e desconfiança dentro das instituições.
- Incentive pequenos atos internos que possam desestabilizar a coesão do sistema sem expor os infiltrados.

A infiltração pode ser lenta, mas é uma maneira eficaz de corroer o poder de dentro para fora.

Exposição e transparência

Além da infiltração, expor a corrupção e os abusos de poder das instituições é uma maneira poderosa de enfraquecer a legitimidade do sistema opressor. A exposição pode vir na forma de vazamentos, de jornalismo investigativo ou mesmo de campanhas de conscientização que tornem visíveis as injustiças que estão sendo perpetradas.

Os Documentos do Pentágono

Um exemplo histórico de como a exposição pode desestabilizar um sistema é o caso dos Documentos do Pentágono, vazados por Daniel Ellsberg em 1971. Esses documentos expuseram mentiras do governo dos Estados Unidos sobre a Guerra do Vietnã, revelando a extensão do engano e da manipulação por parte do governo. A divulgação dos documentos minou a confiança do público no governo e contribuiu para o movimento contra a guerra.

Criação de plataformas de denúncia

Para aplicar a técnica de exposição, considere as seguintes ações:
- Crie ou apoie plataformas seguras e anônimas onde informações confidenciais sobre a corrupção do sistema possam ser vazadas e divulgadas.
- Colabore com jornalistas e organizações de direitos humanos que possam investigar e amplificar essas denúncias.
- Considere adesivar e plotar, pelas ruas de sua cidade, mensagens de denúncia.
- Utilize redes sociais e outros meios de comunicação para disseminar essas informações amplamente e mobilizar a opinião pública contra o sistema.
- Organize campanhas de conscientização que destaquem as injustiças e os abusos, usando provas documentadas para desmascarar as mentiras e a propaganda do regime.

A exposição das fraquezas e dos abusos do sistema pode ajudar a erodir sua legitimidade e a aumentar a pressão popular por mudanças.

DESOBEDIÊNCIA CIVIL EM MASSA: A FORÇA DO POVO

Mobilização em grande escala

Quando o sistema opressor controla as principais instituições, a força do povo em números pode ser uma ferramenta decisiva. A desobediência civil em massa é uma estratégia que, quando bem-organizada, pode paralisar as operações do sistema e forçá-lo a negociar — ou mesmo a ceder.

A Revolução de Veludo na Tchecoslováquia

A Revolução de Veludo, mencionada anteriormente, foi um exemplo impressionante de desobediência civil em massa. Em novembro de 1989, após décadas de repressão comunista, milhões de tchecoslovacos saíram às ruas para exigir mudanças. A mobilização foi tão grande, e a resistência pacífica tão forte, que o governo comunista acabou renunciando sem que fosse necessário um tiro sequer. A unidade do povo, em massa, foi suficiente para desmantelar o sistema opressor.

Luta pela independência da Índia

Outro exemplo notável disso foi a luta pela independência da Índia, liderada por Mahatma Gandhi. Através da filosofia da *satyagraha*, que defendia a resistência não violenta, milhões de indianos desafiaram as leis coloniais britânicas sem recorrer à violência, causando um impacto profundo no império britânico.

Um dos episódios mais marcantes dessa campanha foi a Marcha do Sal, realizada em 1930. Gandhi liderou uma caminhada de quase 390 quilômetros até a costa do mar da Arábia, onde desafiou a legislação britânica ao produzir sal, um bem monopolizado pelos colonizadores. O ato, aparentemente simples, simbolizava uma rejeição ao controle britânico sobre a economia e a vida cotidiana dos indianos. Milhares de pessoas seguiram o exemplo de Gandhi e começaram a fabricar sal ou boicotar produtos britânicos.

A desobediência civil em massa foi além da quebra de leis específicas; ela mobilizou toda uma nação para desafiar os símbolos e as instituições do domínio colonial, como o boicote a produtos britânicos e a recusa em pagar impostos. O movimento foi crescendo em força, apesar da prisão de seus líderes e da repressão brutal. O governo britânico começou a perceber que manter o controle sobre a Índia estava cada vez mais difícil, diante de uma população que pacificamente se recusava a seguir as leis impostas por um regime opressor.

Esse movimento de desobediência civil abalou as estruturas do sistema colonial britânico. No longo prazo, ele forçou negociações e preparou o terreno para a independência da Índia, em 1947. A resistência não violenta foi chave para destruir a legitimidade do sistema, demonstrando que um regime, por mais poderoso que seja, não consegue sobreviver sem a cooperação passiva de seus governados.

Esse exemplo mostra como a desobediência civil em massa, quando amplamente apoiada e organizada, pode desmantelar um sistema de opressão, pressionando-o até o ponto de colapso.

A EXPOSIÇÃO DAS FRAQUEZAS E DOS ABUSOS DO SISTEMA PODE AJUDAR A ERODIR SUA LEGITIMIDADE E A AUMENTAR A PRESSÃO POPULAR POR MUDANÇAS.

Organizando a desobediência civil

Para organizar a desobediência civil em massa, considere as seguintes táticas:
- Planeje e execute greves gerais que paralisem a economia e as operações governamentais, forçando o sistema a negociar.
- Organize ocupações pacíficas de espaços públicos e edifícios governamentais para demonstrar a força do movimento e forçar uma resposta das autoridades.
- Coordene protestos sincronizados em múltiplas cidades e regiões, tornando difícil para o sistema concentrar forças em um único lugar.
- Encontre um ou mais líderes com que o povo se identifique para catalisar o movimento. Deve-se pensar também em substitutos, porque sistemas opressores podem assassinar os líderes.
- Prepare a população para resistir pacificamente à repressão, utilizando técnicas de não violência que dificultem a justificativa para a repressão brutal.

A desobediência civil em massa depende da organização eficaz e da disciplina não violenta. É uma demonstração de que, em última instância, o poder reside no povo.

DIVISÃO E DESMORALIZAÇÃO DAS FORÇAS ARMADAS

Enfraquecendo a coesão militar

Quando parte das forças militares apoia o sistema opressor, a divisão e a desmoralização dessas forças podem ser estratégias eficazes para enfraquecer a capacidade repressiva do regime. Soldados e oficiais são seres humanos e, se expostos às realidades do que estão defendendo, podem se virar contra o sistema.

A Revolução Romena de 1989

Durante a Revolução Romena de 1989, as forças militares inicialmente seguiram as ordens do ditador Nicolae Ceaușescu para reprimir violentamente os protestos. No entanto, à medida que o número de manifestantes crescia e as atrocidades se tornavam mais evidentes, muitos soldados começaram a se recusar a obedecer a ordens, ou desertaram para o lado dos manifestantes. Essa divisão nas forças armadas foi crucial para o colapso do regime e a execução de Ceaușescu.

Propaganda direcionada e incentivos à deserção

Para dividir e desmoralizar as forças armadas quando estão desvirtuadas, considere as seguintes abordagens, que foram utilizadas por opositores de regimes totalitários:
- Espalhe informações entre os soldados sobre os abusos e as injustiças do sistema, utilizando panfletos, redes sociais e emissoras de rádio clandestinas.
- Crie campanhas que humanizem os manifestantes e exponham as contradições morais de reprimir seus próprios compatriotas.
- Ofereça incentivos à deserção, como proteção, apoio financeiro ou reintegração na sociedade para aqueles que abandonam o regime.
- Apoie redes de desertores que possam ajudar outros soldados a abandonarem o regime sem sofrer represálias.

A divisão dentro das forças armadas pode reduzir a eficácia repressiva do sistema e tornar a manutenção da ordem muito mais difícil.

ESTRATÉGIA JURÍDICA INTERNACIONAL: PRESSIONANDO FORA DAS FRONTEIRAS

A busca por apoio internacional

Quando o judiciário local está comprometido, buscar apoio internacional e pressionar por sanções ou intervenção externa pode ser uma estratégia para enfraquecer o sistema opressor. Tribunais internacionais, organizações de direitos humanos e governos estrangeiros podem exercer uma pressão significativa sobre regimes opressores, mesmo quando todas as instituições domésticas estão corrompidas.

O caso Pinochet

O caso do ex-ditador chileno Augusto Pinochet é um exemplo de como a pressão jurídica internacional pode ser utilizada contra líderes opressores. Em 1998, Pinochet foi preso em Londres a pedido de um juiz espanhol, Baltasar Garzón, sob acusações de tortura e assassinato durante seu regime. Embora Pinochet nunca tenha sido condenado, o caso demonstrou que mesmo ex-líderes que desfrutam de impunidade nos próprios países podem ser responsabilizados em tribunais internacionais.

Ação internacional e jurídica

Para utilizar a estratégia jurídica internacional, considere os seguintes passos:
- Documente meticulosamente as violações de direitos humanos e os abusos de poder cometidos pelo sistema opressor, utilizando fotos, vídeos e testemunhos.
- Envolva-se com organizações de direitos humanos que possam levar esses casos a tribunais internacionais ou pressionar por sanções contra o regime.

- Busque apoio de governos estrangeiros que possam impor sanções econômicas ou diplomáticas ao sistema opressor.
- Apoie o desenvolvimento de casos legais contra líderes opressores em tribunais internacionais, mesmo que as chances de prisão imediata sejam baixas.

A pressão jurídica internacional pode não derrubar o sistema sozinha, mas pode aumentar significativamente o custo de manter o poder e deslegitimar o regime aos olhos do mundo.

FORTALECENDO A COESÃO SOCIAL: UNIDADE CONTRA A OPRESSÃO

Construindo a solidariedade popular

Para vencer um sistema opressor em que as instituições estão unidas contra o povo, a coesão social é essencial. A divisão entre grupos sociais, raciais ou religiosos é frequentemente explorada pelo sistema para enfraquecer a resistência. Portanto, fortalecer a unidade e a solidariedade entre diferentes segmentos da sociedade é crucial para construir uma frente unida contra a opressão.

O movimento antiapartheid na África do Sul

O movimento antiapartheid na África do Sul, liderado por Nelson Mandela e o Congresso Nacional Africano (ANC), foi notável por sua capacidade de unir uma ampla coalizão de grupos étnicos, religiosos e políticos contra o regime opressor. O movimento foi bem-sucedido em parte porque conseguiu superar as divisões internas e construir uma solidariedade baseada na luta comum pela liberdade e igualdade.

Essa unidade foi essencial para a mobilização em massa que, combinada à pressão internacional, levou ao desmantelamento do apartheid e à transição para uma democracia multirracial.

FORTALECER A UNIDADE E A SOLIDARIEDADE ENTRE DIFERENTES SEGMENTOS DA SOCIEDADE É CRUCIAL PARA CONSTRUIR UMA FRENTE UNIDA CONTRA A OPRESSÃO.

Promovendo a coesão social

Para fortalecer a coesão social, considere as seguintes táticas:
- Promova o diálogo intercomunitário para superar as divisões raciais, religiosas ou políticas que possam enfraquecer a resistência.
- Crie símbolos e slogans que enfatizem a unidade e a solidariedade entre diferentes grupos sociais.
- Organize eventos culturais e celebrações que unam diferentes comunidades em torno de valores comuns de liberdade e justiça.
- Apoie a educação que ensine a história das lutas comuns e a importância da unidade na resistência à opressão.

A coesão social é a base sobre a qual a resistência eficaz é construída. Sem ela, as divisões internas podem ser exploradas pelo sistema para manter o controle.

CAPÍTULO 11

SENSIBILIZANDO E EDUCANDO PESSOAS COM BAIXO NÍVEL DE ESCOLARIDADE SOBRE O SEQUESTRO DA CONSCIÊNCIA

A sensibilização sobre o sequestro da consciência é essencial para todos os grupos sociais, especialmente para aqueles com menos acesso à educação formal e a recursos informativos. Pessoas em condições de vulnerabilidade socioeconômica são frequentemente as mais impactadas por manipulações ideológicas, propaganda e desinformação, justamente por não terem os mesmos recursos para resistir a essas influências.

SIMPLIFICANDO A MENSAGEM

Uso de linguagem acessível

Para sensibilizar pessoas com menor nível de escolaridade, é fundamental utilizar uma linguagem simples e direta. Termos técnicos e complexos devem ser evitados ou substituídos por expressões mais comuns e compreensíveis. O objetivo é garantir que a mensagem seja clara sem sacrificar a profundidade do conteúdo.

Exemplo complexo – "O sequestro da consciência é a manipulação sistemática de crenças e valores por forças externas."

Exemplo simplificado – "Às vezes, as pessoas poderosas tentam fazer a gente acreditar em coisas que não são verdade, para que a gente pense e faça o que elas querem."

Uso de exemplos do cotidiano

Utilizar exemplos que façam parte do cotidiano das pessoas é uma forma poderosa de ilustrar conceitos abstratos. As histórias e situações que elas reconhecem na própria vida ajudam a contextualizar o tema de maneira relevante e compreensível.

Exemplo

Sequestro da consciência através da propaganda – "Sabe quando você vê muitas propagandas na tevê dizendo que, se comprar certo produto, ficará mais feliz ou mais bonito? Isso é uma forma de fazer você acreditar em algo que pode não ser verdade."

PARA SENSIBILIZAR PESSOAS COM MENOR NÍVEL DE ESCOLARIDADE, É FUNDAMENTAL UTILIZAR UMA LINGUAGEM SIMPLES E DIRETA.

Uso de narrativas e histórias

Contar histórias simples e relatáveis

Histórias são uma ferramenta poderosa para ensinar e sensibilizar.

Contar histórias que reflitam as lutas e os desafios enfrentados pela comunidade ajuda a ilustrar como o sequestro da consciência pode impactar a vida das pessoas.

Essas histórias devem ser simples e focadas em situações que as pessoas já vivenciaram ou que poderiam facilmente entender.

Exemplo
"Imagine um fazendeiro que sempre vendeu suas frutas no mercado local. Um dia, uma grande empresa chega e começa a dizer para todos que as frutas do fazendeiro não são boas e que as frutas da empresa são melhores, mesmo que não seja verdade. Aos poucos, todo mundo começa a acreditar e para de comprar as frutas do fazendeiro. Isso acontece porque as pessoas são levadas a acreditar em algo que não é verdade."

Uso de metáforas

As metáforas são ferramentas eficazes para simplificar conceitos complexos. Uma metáfora bem escolhida pode fazer com que uma ideia difícil de entender se torne clara e fácil de lembrar.
Exemplo
"O sequestro da consciência é como se alguém colocasse óculos sujos em você, fazendo com que visse o mundo de um jeito errado. Esses óculos são as mentiras e manipulações que as pessoas poderosas usam para controlar o que você pensa e faz."

Utilização de meios de comunicação locais e culturais

Rádios comunitárias e folhetos

Muitas comunidades de baixo poder aquisitivo dependem de rádios, igrejas e centros comunitários para obter informações. Usar esses canais para distribuir folhetos, com mensagens em linguagem simples, e realizar programas de rádio que discutam o sequestro da consciência podem ser maneiras eficazes de alcançar essas audiências.
Exemplo de ação
Programas de rádio – Desenvolver programas que abordem o tema de modo acessível, incluindo entrevistas com líderes comunitários ou especialistas que expliquem o assunto em termos simples.

CONTAR HISTÓRIAS QUE REFLITAM AS LUTAS E OS DESAFIOS ENFRENTADOS PELA COMUNIDADE AJUDA A ILUSTRAR COMO O SEQUESTRO DA CONSCIÊNCIA PODE IMPACTAR A VIDA DAS PESSOAS.

Folhetos – Criar folhetos com imagens simples e textos curtos que expliquem como o sequestro da consciência acontece e por que é importante pensar de forma crítica.

AS METÁFORAS SÃO FERRAMENTAS EFICAZES PARA SIMPLIFICAR CONCEITOS COMPLEXOS

Arte e teatro comunitário

O uso da arte, como peças teatrais ou música, pode ser uma forma envolvente de comunicar a mensagem. O teatro comunitário, em particular, é uma ferramenta poderosa para dramatizar questões sociais e políticas, ajudando a comunidade a visualizar e entender o impacto do sequestro da consciência.

Exemplo de ação

Peça teatral – Criar uma peça simples em que os personagens enfrentem situações de manipulação e aprendam a resistir, mostrando como as pessoas podem manter sua liberdade de pensamento.

Música – Compor canções populares que abordem a importância de pensar por si mesmo e questionar o que é dito, usando ritmos e estilos que sejam familiares e atraentes para a comunidade.

Promoção do pensamento crítico em grupos de base

Grupos de discussão comunitários

Criar grupos de discussão em centros comunitários, escolas ou igrejas, nos quais as pessoas possam conversar sobre como a informação que recebem afeta suas vidas, é uma maneira prática de promover o pensamento crítico. Esses grupos devem ser espaços seguros onde todos se sintam à vontade para expressar suas opiniões e questionar as informações que recebem.

Exemplo de ação

Sessões de discussão – Organizar encontros regulares em que a comunidade possa discutir notícias e eventos atuais, com a orientação de facilitadores que ajudem a questionar as fontes e motivações por trás das informações.

Debates simples – Promover debates sobre temas importantes para a comunidade, incentivando as pessoas a pensarem sobre diferentes lados de uma questão antes de tomar uma posição.

Oficinas de alfabetização midiática

Alfabetização midiática é a habilidade de analisar, avaliar e criar mensagens em uma variedade de formas de mídia. Oferecer oficinas que ensinem como identificar propaganda, distinguir fatos de opiniões e avaliar a credibilidade das fontes pode ajudar as pessoas a resistirem à manipulação.

Exemplo de ação

Oficina básica – Realizar oficinas que expliquem como as notícias são criadas e distribuídas, e como as pessoas podem saber se algo que leem ou ouvem é confiável.

Exercícios práticos – Usar exemplos de notícias ou propagandas reais para praticar a análise crítica em grupo, discutindo como identificar manipulações e preconceitos.

Fortalecimento da coesão e da resiliência comunitária

Encorajando a solidariedade e o apoio mútuo

A coesão comunitária é uma defesa natural contra o sequestro da consciência. Quando as pessoas trabalham juntas e apoiam umas às outras, é mais difícil para influências externas manipularem indivíduos isolados. Promover a solidariedade e o apoio mútuo dentro da comunidade ajuda a criar um ambiente onde o pensamento crítico e a resistência à manipulação podem florescer.

Exemplo de ação

Iniciativas de ajuda mútua – Incentivar projetos comunitários em que as pessoas possam compartilhar informações, discutir preocupações e ajudar umas às outras em tempos de necessidade.

Campanhas de consciência – Organizar campanhas comunitárias para aumentar a consciência sobre a importância de questionar informações e apoiar a liberdade de pensamento.

Celebrando a cultura e a identidade comunitária

A valorização da cultura e da identidade local é uma forma poderosa de resistência à manipulação externa. Quando as pessoas têm um forte senso de identidade e orgulho de sua cultura, elas se tornam menos propensas a aceitar narrativas impostas por agentes externos. Promover eventos e atividades que celebrem a cultura local pode ajudar a fortalecer esse senso de identidade.

Exemplo de ação

Festivais culturais – Organizar festivais ou celebrações que destaquem a história, a música, a dança e as tradições da comunidade, reforçando o orgulho cultural e a união.

Oficinas de tradições locais – Criar oficinas em que as gerações mais velhas possam ensinar as mais jovens sobre as tradições e histórias locais, fortalecendo o vínculo comunitário e a resistência cultural.

Sensibilizar pessoas de menor poder aquisitivo e nível de escolaridade sobre o sequestro da consciência requer uma abordagem prática, acessível e culturalmente relevante. Usar uma linguagem simples, contar histórias que gerem identificação e utilizar meios de comunicação e arte locais são estratégias eficazes para transmitir essa mensagem crucial. Além disso, promover o pensamento crítico, por meio de grupos de discussão e oficinas, além de fortalecer a coesão e a resiliência comunitária são passos essenciais para proteger a liberdade de pensamento em todas as camadas da sociedade.

A conscientização e a educação são ferramentas poderosas, e, quando todos os membros da sociedade, independentemente de classe social ou nível de escolaridade, estão equipados para reconhecer e resistir ao sequestro da consciência, a liberdade de pensamento pode ser preservada e fortalecida para todos.

PROMOVER A SOLIDARIEDADE E O APOIO MÚTUO DENTRO DA COMUNIDADE AJUDA A CRIAR UM AMBIENTE ONDE O PENSAMENTO CRÍTICO E A RESISTÊNCIA À MANIPULAÇÃO PODEM FLORESCER.

CAPÍTULO 12

A VIGILÂNCIA PERMANENTE PELA LIBERDADE

A IMPORTÂNCIA DA VIGILÂNCIA

A liberdade de pensamento e de consciência é uma das conquistas mais preciosas da humanidade. No entanto, essa liberdade não é garantida; ela é constantemente ameaçada por forças que buscam controlá-la, seja por meio da manipulação ideológica, da centralização do poder ou da opressão direta. Portanto, a vigilância contínua sobre nossas próprias crenças e valores é crucial para evitar o sequestro da consciência.

Para resistir a essas forças, é fundamental cultivar uma consciência crítica e reflexiva, que esteja sempre alerta às tentações da conformidade e da passividade.

A vigilância sobre nossas crenças e valores não significa paranoia, mas sim um estado de atenção e questionamento constante.

Devemos nos perguntar:
- Por que acreditamos no que acreditamos?
- Nossas opiniões são verdadeiramente nossas, ou foram moldadas por influências externas?
- Estamos abertos a reconsiderar nossas posições à luz de novas evidências e perspectivas, ou estamos presos a dogmas e preconceitos?

Responsabilidade coletiva

A responsabilidade de proteger a liberdade de pensamento não recai apenas sobre os indivíduos, mas também sobre as comunidades e instituições. Em uma sociedade livre e plural, é fundamental que todos os membros se vejam como guardiões da liberdade de consciência — tanto sua própria quanto a dos outros.

Comunidades que valorizam a diversidade de ideias e o debate saudável são a base de uma sociedade resistente ao controle ideológico.

Devemos incentivar espaços onde o diálogo aberto e o pensamento crítico sejam celebrados e protegidos. As instituições educacionais, a mídia e as organizações da sociedade civil desempenham papéis essenciais na promoção de uma cultura de liberdade e na proteção contra a manipulação e a opressão.

No entanto, essa responsabilidade coletiva também exige uma ação consciente contra as forças que buscam restringir ou controlar o pensamento. Isso pode significar apoiar o jornalismo independente, defender a liberdade de expressão e lutar contra a censura. Em tempos de crise, quando o medo pode levar à aceitação de medidas autoritárias, a vigilância coletiva se torna ainda mais crucial.

Refletindo sobre as escolhas pela consciência

Uma parte fundamental da vigilância sobre a liberdade de pensamento é a capacidade de refletir sobre nossas escolhas de forma consciente. Vivemos em um mundo onde as decisões, grandes e pequenas, são muitas vezes tomadas sem plena consideração das influências que nos cercam. Reflexão consciente envolve parar para analisar as forças que moldam nossas decisões, desde os valores que internalizamos até as pressões externas que tentam nos guiar em direções específicas.

Refletir conscientemente sobre nossas escolhas requer que façamos perguntas críticas antes de agir:

- Por que estou tomando essa decisão? – Avalie se a sua escolha está sendo feita com base em seus próprios valores e julgamentos, ou se está sendo influenciada por pressões externas, como opiniões alheias, normas sociais ou propaganda.

COMUNIDADES QUE VALORIZAM A DIVERSIDADE DE IDEIAS E O DEBATE SAUDÁVEL SÃO A BASE DE UMA SOCIEDADE RESISTENTE AO CONTROLE IDEOLÓGICO.

- Essa decisão é coerente com meus princípios? – Considerar se a decisão se alinha com seus valores fundamentais e éticos é essencial para garantir que suas ações reflitam sua verdadeira identidade e convicções.
- Estou sendo influenciado por emoções manipuladas? – Em momentos de crise ou estresse, nossas emoções podem ser manipuladas para nos levar a decisões impulsivas. Reflita sobre se suas emoções estão sendo usadas para direcionar suas escolhas de maneira que beneficie terceiros, em detrimento de sua própria liberdade e bem-estar.

A reflexão consciente também envolve a prática de reavaliar decisões passadas à luz de novas informações e experiências. Manter-se aberto à revisão de suas escolhas é uma forma poderosa de evitar o dogmatismo e de garantir que suas decisões continuem alinhadas com seus valores e objetivos mais profundos.

ESPERANÇA E AÇÃO

Encerramos este livro com um chamado à ação, baseado na esperança de que a liberdade de pensamento, uma vez reconhecida como fundamental, pode ser protegida e promovida por cada um de nós. A luta pela liberdade de consciência não é fácil, e as forças que se opõem a ela são muitas vezes poderosas e insidiosas. No entanto, a história nos ensina que mesmo as maiores opressões podem ser desafiadas e superadas quando as pessoas agem com coragem, integridade e determinação.

A esperança é uma força poderosa. Ela nos dá a motivação para continuar lutando, mesmo quando as circunstâncias parecem difíceis. Ao nos tornarmos guardiões de nossa própria consciência, e ao nos unirmos para proteger a liberdade de pensamento em nossas comunidades, podemos resistir às forças que buscam nos controlar.

A vigilância permanente pela liberdade é, portanto, tanto um dever quanto uma fonte de esperança. Ao mantermos nossos olhos abertos, nossos corações firmes e nossa capacidade de reflexão ativa, podemos garantir que a chama da liberdade continue a brilhar — não apenas para nós, mas para as gerações futuras também.

ANEXOS

ANEXO 1
ANÁLISE DE CASOS HISTÓRICOS E CONTEMPORÂNEOS DE SEQUESTRO DA CONSCIÊNCIA

O sequestro da consciência, que envolve a manipulação sistemática das crenças, valores e pensamentos dos indivíduos por forças externas, é um fenômeno que pode ser observado em vários momentos da história e continua a ser uma ameaça na atualidade. Analisar esses casos nos permite aprender lições valiosas e desenvolver estratégias para evitar que esse tipo de manipulação aconteça no futuro.

A seguir, exploraremos alguns casos históricos e contemporâneos significativos de sequestro da consciência, destacando as técnicas utilizadas e as lições que podem ser extraídas para fortalecer a resistência mental e a defesa da liberdade de pensamento.

CASO 1: PROPAGANDA NAZISTA NA ALEMANHA (1933-1945)

Contexto histórico

Na Alemanha nazista, o regime de Adolf Hitler utilizou a propaganda como ferramenta central para controlar a mente do povo alemão e consolidar o poder. Sob a liderança de Joseph Goebbels, ministro da Propaganda, o governo nazista criou uma narrativa que desumanizava os judeus e outros grupos minoritários, glorificava a "pureza da raça ariana" e justificava a guerra e o genocídio.

A propaganda era disseminada por todos os meios de comunicação disponíveis: jornais, rádio, cinema, pôsteres e até mesmo livros didáticos. A repetição incessante dessas mensagens transformou mentiras em "verdades" aos olhos de muitos cidadãos alemães.

Técnicas utilizadas

- Repetição massiva: mensagens repetitivas criaram uma narrativa dominante que se tornou difícil de contestar.
- Controle da informação: o regime controlava rigorosamente todos os meios de comunicação, suprimindo vozes dissidentes e promovendo apenas as mensagens que reforçavam a ideologia nazista.
- Desumanização: a propaganda nazista desumanizou grupos inteiros de pessoas, tornando mais fácil justificar a violência contra elas.

Lições práticas

- Diversificar as fontes de informação: uma das lições mais importantes deste período é a necessidade de buscar informações de diversas fontes para evitar a aceitação passiva de uma narrativa dominante.
- Cultivar o pensamento crítico: o pensamento crítico é essencial para questionar narrativas simplificadas e identificar manipulações ideológicas.
- Promover a educação ética: a educação deve incluir ensinamentos sobre ética e direitos humanos para ajudar as pessoas a reconhecerem e a resistirem à desumanização de grupos minoritários.

CASO 2: REVOLUÇÃO CULTURAL NA CHINA (1966-1976)

Contexto histórico

A Revolução Cultural, liderada por Mao Tsé-Tung na China, foi um movimento político e ideológico que visava eliminar as influências capitalistas e tradicionais da sociedade chinesa, promovendo a ideologia comunista. Durante esse período, Mao incentivou o culto à sua personalidade e mobilizou os Guardas Vermelhos, compostos em grande parte de jovens, para atacar intelectuais, artistas e qualquer um que fosse considerado inimigo da revolução.

Milhões de pessoas foram perseguidas, presas ou mortas, e a cultura tradicional chinesa foi amplamente destruída. A lavagem cerebral coletiva foi promovida através de campanhas de reeducação e sessões de crítica pública, em que as pessoas eram forçadas a confessar "crimes" contra o Estado.

Técnicas utilizadas

- Culto à personalidade: Mao foi retratado como uma figura quase divina, cuja palavra não poderia ser contestada.
- Reeducação forçada: as pessoas eram forçadas a se submeter a sessões de "autocrítica" e reeducação, que visavam alinhar seus pensamentos com a ideologia do Partido Comunista.
- Mobilização da juventude: a juventude foi doutrinada e utilizada como instrumento de repressão e controle, atacando aqueles que eram considerados inimigos da revolução.

Lições práticas

- Cuidado com o culto à personalidade: sempre questione a veneração excessiva de líderes políticos e desconfie de qualquer movimento que promova a infalibilidade de um indivíduo.
- Defesa da educação livre: a liberdade de pensamento e de expressão deve ser protegida nas instituições educacionais para evitar a doutrinação.
- Valorização do pluralismo: a promoção do pluralismo e da diversidade de pensamentos é essencial para evitar que uma única ideologia domine completamente a sociedade.

CASO 3: GUERRA AO TERROR NOS ESTADOS UNIDOS (2001-PRESENTE)

Contexto histórico

Após os ataques de 11 de setembro de 2001, o governo dos Estados Unidos iniciou a "Guerra ao Terror", uma campanha global contra o terrorismo que incluiu a invasão do Afeganistão e do Iraque. Durante esse período, o governo utilizou o medo como uma ferramenta para justificar medidas extremas, como a implementação do USA PATRIOT Act, que ampliou os poderes de vigilância do governo e limitou as liberdades civis.

A retórica da Guerra ao Terror foi amplamente aceita pela população norte-americana, em parte devido à manipulação do medo e à apresentação do conflito como uma luta moral entre o bem e o mal.

Técnicas utilizadas

- Manipulação do medo: o governo utilizou o medo de novos ataques terroristas para justificar a erosão das liberdades civis e o aumento do poder do estado.
- Narrativa simplificada: a retórica da Guerra ao Terror reduziu uma situação complexa a uma dicotomia de bem contra mal, facilitando o apoio a políticas agressivas.
- Vigilância em massa: a ampliação dos poderes de vigilância permitiu ao governo monitorar cidadãos comuns sob o pretexto de garantir segurança nacional.

Lições práticas

- Questionar a retórica do medo: é essencial questionar a retórica que utiliza o medo para justificar a perda de liberdades civis e a expansão do poder estatal.

- Proteger as liberdades civis: a defesa constante das liberdades civis é crucial, especialmente em tempos de crise, quando essas liberdades estão em maior risco.
- Avaliar criticamente as políticas: a população deve ser encorajada a avaliar criticamente as políticas governamentais, considerando implicações de longo prazo para a liberdade e a democracia.

CASO 4: VIGILÂNCIA EM MASSA NA CHINA CONTEMPORÂNEA

Contexto histórico

Na China contemporânea, o governo do Partido Comunista Chinês (PCC) implementou um sistema de vigilância em massa altamente sofisticado, incluindo o Sistema de Crédito Social, que avalia o comportamento dos cidadãos e atribui pontuações que afetam sua capacidade de acessar serviços e oportunidades. Essa vigilância é combinada com censura rigorosa e controle da informação, tornando difícil para os cidadãos resistirem ao controle do Estado.

O governo chinês também utiliza tecnologia de reconhecimento facial e *big data* para monitorar e controlar a população, especialmente em regiões como Xinjiang, onde a minoria muçulmana uigur é submetida a uma repressão intensa.

Técnicas utilizadas

- Vigilância em massa: o governo lança mão de tecnologias avançadas para monitorar a população em tempo real e punir comportamentos considerados "indesejáveis".
- Controle da informação: a censura rígida impede que informações contrárias à narrativa oficial do PCC se espalhem.

- Repressão direta: o governo utiliza detenção em massa e reeducação forçada para suprimir dissidências e minorias étnicas.
- Bloqueio financeiro de pessoas: mecanismos de controle financeiro, como sanções econômicas e restrições ao acesso de serviços bancários, que servem como represália contra indivíduos críticos ao governo.

CASO 5: CONTROLE TOTAL DA MENTE NA COREIA DO NORTE

A **Coreia do Norte** é amplamente considerada um dos exemplos mais extremos de sequestro da consciência. Sob o regime de três gerações da família **Kim** — Kim Il-sung, Kim Jong-il e o atual líder Kim Jong-un —, o governo norte-coreano estabeleceu um sistema altamente controlado que combina o culto à personalidade com a censura extrema e a repressão para manter a população sob controle absoluto.

Culto à personalidade

Desde o governo de **Kim Il-sung**, fundador da Coreia do Norte, o regime criou um culto à personalidade em torno dos líderes da família Kim. As crianças norte-coreanas são doutrinadas desde muito jovens, com livros escolares, músicas e filmes que exaltam a sabedoria, a bravura e a quase divindade dos líderes. O governo norte-coreano utiliza essa narrativa para convencer o povo de que a família Kim é infalível e essencial para a sobrevivência da nação.

Esse culto à personalidade é amplamente reforçado por símbolos nacionais, estátuas gigantescas dos líderes e doutrinação diária através dos meios de comunicação, todos controlados pelo Estado. O povo é ensinado a venerar os líderes como salvadores da nação, e qualquer crítica ao regime é severamente punida, muitas vezes com a prisão ou a execução — e não apenas do indivíduo "desertor", mas de toda a sua família.

Controle da informação

Na Coreia do Norte, o controle da informação é rigoroso. A população não tem acesso à internet aberta e a mídia estatal é a única fonte de informação disponível, sempre glorificando as conquistas do governo e do líder supremo. As notícias sobre o mundo exterior são filtradas e distorcidas, apresentando as potências ocidentais, especialmente os Estados Unidos, como inimigos perigosos que querem destruir a Coreia do Norte.

O resultado desse controle é uma população que vive isolada do resto do mundo e cuja visão da realidade é inteiramente moldada pelo regime.

A educação e a mídia são usadas para moldar a consciência coletiva, eliminando a dissidência e qualquer possibilidade de questionamento.

A maioria dos norte-coreanos cresce sem conhecimento de outras formas de governo ou de vida, acreditando que seu país, sob a liderança dos Kim, é uma fortaleza cercada por inimigos.

CASO 6: USO DA IDEOLOGIA PARA CONTROLAR A POPULAÇÃO NA VENEZUELA

Na Venezuela, sob os governos de Hugo Chávez e Nicolás Maduro, a manipulação ideológica e o controle sobre a narrativa nacional têm sido usados para moldar a consciência coletiva. O regime chavista, estabelecido por Hugo Chávez em 1999, foi construído sobre um discurso de luta de classes e anti-imperialismo que dividiu a sociedade venezuelana em "patriotas" e "traidores", com o governo se apresentando como defensor dos pobres e oponente das elites corruptas.

Manipulação da educação e da mídia

O governo de Chávez — e, depois, o de Maduro — investiu fortemente na criação de um sistema educacional e midiático que promovesse a ideologia do socialismo bolivariano. Nas escolas e universidades, a história da Venezuela foi reescrita para destacar as lutas contra o imperialismo, e Chávez foi retratado como um herói nacional comparável a Simón Bolívar. A educação foi transformada em um veículo de propaganda, com os professores e materiais didáticos ajustados para transmitir a narrativa oficial do governo.

A mídia estatal e os canais controlados pelo governo foram utilizados para manter a lealdade das massas e demonizar a oposição política, apresentando-a como agentes do imperialismo estrangeiro, particularmente dos Estados Unidos. Ao mesmo tempo, veículos de mídia independentes foram sistematicamente silenciados ou nacionalizados, eliminando as vozes dissidentes e reduzindo o espaço para o debate público.

Programas sociais e dependência econômica

Outro aspecto do sequestro da consciência na Venezuela está relacionado aos programas sociais que, enquanto promovem o alívio da pobreza, também criam uma dependência direta do governo. Milhões de venezuelanos passaram a depender dos programas de distribuição de alimentos e benefícios sociais para sobreviver. O regime utilizou essa dependência para garantir a lealdade eleitoral, já que os que criticassem o governo corriam o risco de perder seus benefícios. Esse sistema de controle econômico é uma forma de sequestro da consciência, pois restringe a liberdade de pensamento e ação em troca da subsistência.

CASO 7: REVOLUÇÃO E CONTROLE IDEOLÓGICO EM CUBA

Cuba, sob o regime comunista de Fidel Castro e, posteriormente, de Raúl Castro, é um dos exemplos clássicos de sequestro da consciência através do controle ideológico. Desde a Revolução Cubana, em 1959, o governo cubano implantou uma doutrinação sistemática e contínua de sua população, utilizando a educação, a mídia e as organizações sociais para promover a ideologia socialista e a veneração da revolução.

O papel da educação

A educação em Cuba é inteiramente controlada pelo Estado, e os currículos escolares foram desenhados para inculcar a visão marxista--leninista da história e da sociedade. Desde o jardim de infância, as crianças são ensinadas a valorizar a revolução e a seguir o exemplo de figuras revolucionárias, como Che Guevara e o próprio Fidel Castro. A crítica ao regime ou a promoção de ideias liberais e capitalistas são completamente proibidas, e os dissidentes são retratados como traidores da pátria.

A juventude cubana participa de organizações como os Pioneiros de Cuba, que funcionam como um meio de doutrinação política. Essas organizações promovem a lealdade ao Partido Comunista e ao governo, garantindo que as futuras gerações cresçam com uma visão unificada e controlada da realidade.

Controle da informação e liberdade de expressão

De modo semelhante ao que ocorre na Coreia do Norte, o governo cubano mantém um controle rigoroso sobre os meios de comunicação. O acesso à internet é restrito e monitorado, e os meios de comunicação são propriedade do Estado. O discurso público é altamente controlado, e qualquer crítica ao regime pode resultar em punições severas, incluindo prisão.

O sequestro da consciência em Cuba é sustentado pela combinação de repressão política e controle ideológico. A falta de pluralidade de ideias e o controle sobre o que pode ou não ser dito cria uma cultura de conformidade, na qual as pessoas são forçadas a aderir à narrativa oficial por medo de represálias.

Lições práticas

- Proteção da privacidade: a importância de proteger a privacidade e os direitos digitais dos cidadãos é fundamental para evitar que governos ou corporações abusem de tecnologias de vigilância.
- Resistência ao controle da informação: a promoção de meios alternativos de comunicação e o apoio a jornalistas independentes são essenciais para combater a censura.
- Solidariedade global: a comunidade internacional deve apoiar e se solidarizar com os grupos oprimidos por regimes de vigilância, utilizando pressão diplomática e sanções quando necessário.

Esses casos históricos e contemporâneos ilustram como o sequestro da consciência pode ocorrer por meio de diversas técnicas, desde a propaganda e a manipulação do medo até a vigilância em massa e a repressão direta. Cada exemplo nos oferece lições valiosas sobre como podemos proteger a liberdade de pensamento e resistir às tentativas de controle e manipulação.

Para evitar que o sequestro da consciência aconteça no futuro, é essencial cultivar uma cultura de questionamento, promover a educação crítica, proteger as liberdades civis e apoiar aqueles que lutam pela liberdade em todo o mundo. A vigilância constante e a ação coletiva são nossas melhores defesas contra as forças que buscam controlar nossas mentes e nossa liberdade.

ANEXO 2

QUESTIONÁRIO PARA AVALIAR O RISCO DE SEQUESTRO DA CONSCIÊNCIA

AVALIAÇÃO DO RISCO DE SEQUESTRO DA CONSCIÊNCIA

Este questionário foi desenvolvido para ajudar você a refletir sobre o grau em que suas crenças e decisões são influenciadas por forças externas e para avaliar o risco de sequestro da consciência.

Instruções: Para cada afirmação a seguir, marque a resposta que melhor reflete sua experiência e suas percepções. Use a escala de 1 a 5, considerando:

1 = Discordo totalmente
2 = Discordo parcialmente
3 = Neutro
4 = Concordo parcialmente
5 = Concordo totalmente

Seção A: Influência da mídia e propaganda

( ) Aceito informações das redes sociais sem verificar a veracidade das fontes.
( ) Minhas opiniões sobre questões políticas são fortemente influenciadas por notícias que consumo.
( ) Raramente questiono as informações que recebo de fontes de mídia populares.
( ) Campanhas publicitárias e tendências de consumo têm forte impacto em mim.

( ) As manchetes e conteúdos de mídia determinam em grande parte meus interesses e preocupações.

Seção B: Pressão social e conformidade

( ) Minhas opiniões e decisões são influenciadas pelas expectativas sociais e culturais de meu círculo social.
( ) Sinto desconforto ao expressar opiniões que divergem das de meus amigos ou colegas.
( ) Mudo minhas opiniões quando sinto que me causam isolamento ou exclusão.
( ) Participar de atividades sociais que vão contra meus princípios éticos é algo que faço para evitar conflitos.
( ) Frequentemente me vejo adotando opiniões majoritárias, mesmo que tenha dúvidas.

Seção C: Resiliência e pensamento crítico

( ) Não tenho o hábito de dedicar tempo para refletir sobre minhas crenças e valores.
( ) Quando me deparo com novas informações, não as avalio criticamente antes de aceitá-las ou rejeitá-las.
( ) Não busco ativamente opiniões e informações de diferentes fontes para formar minhas próprias opiniões.
( ) Não sou capaz de reconhecer e resistir a tentativas de manipulação emocional em campanhas políticas ou publicitárias.
( ) Não me esforço para tomar decisões baseadas em princípios e fatos, em vez de pressões externas.

Interpretação dos resultados

De 55 a 75 pontos: Alto risco de sequestro da consciência. Sua mente pode estar vulnerável a influências externas sem uma análise crítica. Considere revisar suas fontes de informação e fortalecer seu pensamento crítico.

De 31 a 54 pontos: Risco moderado. Embora você tenha uma base razoável de pensamento crítico, ainda há espaço para melhorar sua resiliência mental e autonomia intelectual.

15 a 30 pontos: Baixo risco. Você demonstra forte capacidade de pensar de forma independente e resistir às influências externas. Continue praticando a reflexão consciente e o pensamento crítico.

ANEXO 3
EXERCÍCIOS PARA DESENVOLVER ESTRATÉGIAS DE RESISTÊNCIA

Estes exercícios foram projetados para ajudar a fortalecer sua resistência mental e sua capacidade de proteger sua liberdade de pensamento.

EXERCÍCIO 1: MAPEAMENTO DE INFLUÊNCIAS

Objetivo: Este exercício ajuda você a entender melhor as influências que moldam seu pensamento e a tomar medidas para diversificar suas fontes de informação.

- Identifique suas fontes de informação principais: liste as três fontes de informação que você mais consome (jornais, redes sociais, podcasts etc.).
- Analise a diversidade dessas fontes: essas fontes representam uma diversidade de perspectivas? Se não, quais fontes adicionais poderiam ampliar seu entendimento sobre os temas que lhe interessam?
- Examine as influências: reflita sobre como essas fontes podem estar influenciando suas crenças e opiniões. Escreva um breve parágrafo sobre cada fonte e sua possível influência.

EXERCÍCIO 2: DEBATE CONSCIENTE

Objetivo: Este exercício desenvolve sua capacidade de engajamento crítico e ajuda a fortalecer sua própria compreensão do tema, bem como a reconhecer falácias ou manipulações.

- Escolha um tema importante para você: pode ser um tema político, social ou cultural que tenha gerado debates.

- Encontre alguém com uma opinião diferente: organize um debate amigável com essa pessoa, em que o objetivo não seja vencer, mas entender e analisar a perspectiva oposta.
- Use o método socrático: faça perguntas para explorar as razões por trás das crenças de seu interlocutor e compartilhe suas próprias razões. Tente encontrar pontos em comum e diferenças irreconciliáveis.

EXERCÍCIO 3: REFLEXÃO DIÁRIA

Objetivo: Este exercício ajuda a desenvolver a autoconsciência e a prática contínua de reflexão sobre suas decisões e influências.

- Reserve dez minutos no final do dia: use esse tempo para refletir sobre as decisões que tomou ao longo do dia.
- Pergunte-se:
  - Minhas decisões hoje foram influenciadas por pressões externas?
  - Houve momentos em que me conformei com a opinião majoritária sem questionar?
  - Como poderia ter agido de forma mais consciente e alinhada com meus valores?

Registre seus pensamentos: mantenha um diário em que você possa acompanhar seu progresso ao longo do tempo.

EXERCÍCIO 4: DESAFIE-SE A DESCONECTAR

Objetivo: Este exercício foi projetado para ajudar você a se reconectar com seus pensamentos e valores internos, longe das influências constantes do mundo exterior.

- Escolha um período específico (um dia, um fim de semana): durante esse tempo, evite mídias sociais, notícias e qualquer outra forma de conteúdo que você normalmente consome.

- Concentre-se em atividades que promovam reflexão: leia um livro, passe um tempo na natureza, medite ou escreva sobre as suas ideias e valores.
- Reflita sobre essa experiência: após o período de desconexão, anote como você se sentiu. Sua percepção mudou? Você percebeu uma diferença na forma como pensa ou age?

EXERCÍCIO 5: CRIE UM CÓDIGO DE VALORES

Objetivo: Este exercício ajuda a solidificar seus valores centrais e a garantir que suas ações sejam guiadas por um compromisso consciente com esses princípios.

- Liste seus valores fundamentais: escreva os cinco valores mais importantes para você (por exemplo, justiça, liberdade, honestidade).
- Escreva uma breve definição para cada valor: defina o que cada um significa para você e como isso se manifesta em suas ações e decisões.
- Comprometa-se com esses valores: coloque essa lista em um lugar visível e revisite-a regularmente para garantir que suas decisões diárias estejam alinhadas com esses princípios.

O questionário do anexo anterior e estes exercícios têm o objetivo de empoderar você para se proteger do sequestro da consciência e desenvolver estratégias para manter sua liberdade de pensamento. Ao praticar regularmente essas atividades, você fortalece sua capacidade de resistir às pressões externas e de viver de acordo com os próprios valores e princípios. A liberdade de pensamento é uma conquista contínua, e cada um de nós é responsável por cultivá-la e defendê-la.

ANEXO 4
LISTA DE LEITURA COMPLEMENTAR

Para aprofundar o entendimento sobre o sequestro da consciência, a manipulação ideológica e a resistência ao controle mental e político, aqui está uma lista de livros recomendados que abordam esses temas a partir de diferentes perspectivas — desde a filosofia e a psicologia até a história e a literatura.

- *1984*, George Orwell.
- *A alma do mundo*, Roger Scruton.
- *A democracia na América*, Alexis de Tocqueville.
- *A desobediência civil e outros ensaios*, Henry David Thoreau.
- *A instituição imaginária da sociedade*, Cornelius Castoriadis.
- *A lei*, Frédéric Bastiat.
- *A mente cativa*, Czesław Miłosz.
- *A psicologia das massas*, Gustave Le Bon.
- *A razão das nações: reflexões sobre a democracia na Europa*, Pierre Manent.
- *A revolta de Atlas*, Ayn Rand.
- *A revolução dos bichos*, George Orwell.
- *A riqueza das nações*, Adam Smith.
- *A sociedade aberta e seus inimigos*, Karl Popper.
- *A sociedade do espetáculo*, Guy Debord.
- *Ação humana*, Ludwig von Mises.
- *Admirável mundo novo*, Aldous Huxley.
- *Arquipélago Gulag*, Alexander Soljenítsin.
- *As origens da ordem política*, Francis Fukuyama.
- *As seis lições*, Ludwig von Mises.

- *Capitalismo e liberdade*, Milton Friedman.
- *Como vejo o mundo*, Albert Einstein.
- *Do contrato social*, Jean-Jacques Rousseau.
- *Dois tratados sobre o governo*, John Locke.
- *Em defesa da liberdade de pensar*, John Milton.
- *Individualismo e ordem econômica*, Friedrich Hayek.
- *Investigação sobre o entendimento humano*, David Hume.
- *Liberdade para escolher*, Milton Friedman e Rose Friedman.
- *O Anti-Édipo: capitalismo e esquizofrenia*, Gilles Deleuze e Félix Guattari.
- *O caminho da servidão*, Friedrich Hayek.
- *O espírito das leis*, Montesquieu.
- *O federalista*, Alexander Hamilton, James Madison e John Jay.
- *O homem revoltado*, Albert Camus.
- *O manifesto libertário: por uma nova liberdade*, Murray Rothbard.
- *O medo à liberdade*, Erich Fromm.
- *O poder dos sem poder*, Vaclav Havel.
- *O segundo sexo*, Simone de Beauvoir.
- *Origens do totalitarismo*, Hannah Arendt.
- *Os condenados da terra*, Frantz Fanon.
- *Os direitos do homem*, Thomas Paine.
- *Os engenheiros do caos*, Giuliano da Empoli.
- *Os grande escritos anarquistas*, George Woodcock.
- *Propaganda: The Formation of Men's Attitudes*, Jacques Ellul.
- *Quatro ensaios sobre a liberdade*, Isaiah Berlin.
- *Reforma ou revolução?*, Rosa Luxemburgo.
- *Sobre a liberdade*, John Stuart Mill.
- *Sociedade contra o Estado*, Pierre Clastres.
- *Teoria do agir comunicativo*, Jürgen Habermas.
- *Vigiar e punir*, Michel Foucault.
- *Vigilância líquida*, Zygmunt Bauman e David Lyon.

LEIA TAMBÉM:

Flua

Best-seller que contribuiu para mudanças na vida de milhares de pessoas por meio da transformação da consciência.

A arte de fazer escolhas

Princípios da física quântica aplicados ao cotidiano das pessoas para ampliar o poder pessoal.

Domínio emocional em uma era exponencial

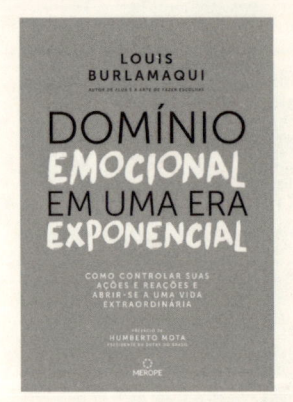

Best-seller que traz uma abordagem transpessoal para lidar com as emoções em um mundo incerto, dinâmico, frágil e complexo.

Liderança fluida

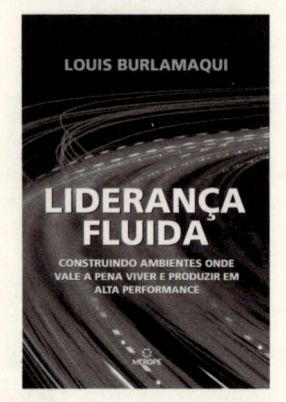

Uma metodologia robusta de liderança para construir ambientes e culturas transformadoras nas organizações.

A cor da cultura organizacional

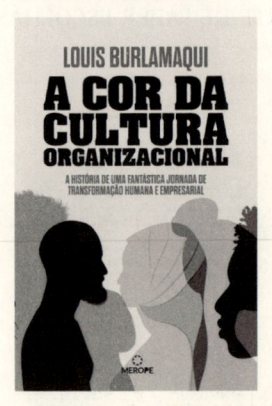

A jornada de uma empresa em meio a uma transição de poder e a trajetória de um executivo que precisa reaprender sobre a própria vida.

Série Soft Skills Tools

NEGOCIAÇÃO na prática
Um guia de bolso para maior efetividade nas negociações

LIDANDO COM CONFLITOS na prática
Um guia de bolso para realizar uma gestão de pessoas mais eficiente

PRODUTIVIDADE na prática
Um guia de bolso para fazer mais com menos esforço

FACILITANDO MUDANÇAS na prática
Um guia de bolso para ser mais efetivo com pessoas e negócios

RESILIÊNCIA na prática
Construindo a força emocional e mental para enfrentar desafios

TIPOLOGIA: PT Serif [texto]
Alumni Sans [entretitulos]
PAPEL: Off-white 80 g/m² [miolo]
Cartão 300 g/m² [capa]
IMPRESSÃO: Formato Artes Gráficas [março de 2025]